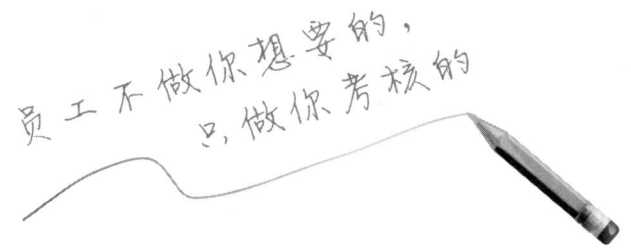

管理就是做考核

只有考核到位，管理才会高效

赵 晶 ◎ 著

·北京·

图书在版编目（CIP）数据

管理就是做考核：只有考核到位，管理才会高效 / 赵晶著 .
北京：中国经济出版社，2017.9
ISBN 978-7-5136-4784-7

Ⅰ.①管… Ⅱ.①赵… Ⅲ.①企业管理–人力资源管理 Ⅳ.①F272.92

中国版本图书馆CIP数据核字（2017）第176006号

内 容 简 介

本书详细介绍了绩效考核与量化管理的思路、方法、模型、流程和工具，结合典型案例，对企业考核各环节，包括岗位职责制定、工作标准设计、考核目标设定、考核工具运用、量化考核施行及考核制度完善等，进行了全面讲解。实用有效，简单易学。助力企业破解最令人头疼的绩效考核难题。适合各级管理人士使用阅读。

责任编辑	海 毅 高晓晔
责任印制	马小宾
封面设计	任燕飞设计室

出版发行	中国经济出版社
印 刷 者	北京柏力行彩印有限公司
经 销 者	各地新华书店
开 本	710mm×1000mm 1/16
印 张	14.5
字 数	163 千字
版 次	2017 年 9 月第 1 版
印 次	2018 年 5 月第 3 次
定 价	58.00 元

广告经营许可证 京西工商广字第 8179 号

中国经济出版社 网址 www.economyph.com 社址 北京市西城区百万庄北街 3 号 邮编 100037

本版图书如存在印装质量问题，请与本社发行中心联系调换（联系电话：010-68330607）

版权所有 盗版必究（举报电话：010-68355416 010-68319282）
国家版权局反盗版举报中心（举报电话：12390） 服务热线：010-88386794

前言

检查出效益,考核出结果

很多管理者在给下属布置任务时,往往会说"我希望你如何如何"。但实际上,下属常常不能做到管理者所希望的。还有管理者会对下属说:"这个问题我之前跟你说过多次,怎么还犯这样的错误?"为什么会出现这些情况?因为管理者在下属执行任务的过程中没有去追踪进度,没有去检查执行效果。

不知您是否遇见过这种情况:当大家听说有领导要来检查工作,就会打起十二分精神,精心准备领导可能会检查的工作内容,生怕被领导发现问题而挨批。这时候大家的工作态度非常认真,工作效率非常高。但只要检查一过,大家又会恢复到往日的慵懒和随意状态,其工作效率和执行效果可想而知。这就是检查与不检查造成员工执行力的差别。

前IBM公司总裁路易斯·郭士纳曾说过:"人们不会做你希望的,只会做你监督和检查的。"这句话道出了管理的精髓。对于管理者来说,如果你想强调什么,那么你就去检查什么。如果你不检查,就等于不重视。没有人会在意一项管理者不去强调和检查的工作,既然如此,谁还会花费精力去认真执行呢?

那么,是不是有了检查就够了,员工的执行力就会提高呢?当然不是,检查虽然重要,但却不能没有考核。检查与考核是管理中的"孪生兄弟"。检查是考核的基础,能为考核提供信息和数据,为考核的公平和公正提供事实依据；考核是检查的深化，可以强化检查的威慑力，让员工执行到位。

在任何一家企业里，如果管理者只去检查而不去考核员工，那么检查就会缺乏威慑力；如果只考核员工但不重视日常检查，考核将会失去依据，难以反映员工的实际表现和绩效实情。因此，检查与考核二者缺一不可，强有力的检查与考核才是从根本上提升员工执行力的利器。当管理者积极检查、认真考核时，员工才会出效率，企业才会出效益。

有些管理者很纳闷：为什么我也经常检查工作，也重视对员工实施绩效考核，但员工的执行力还是提不起来，企业效益还是不见好转？产生这样的问题，原因是复杂的。从检查与考核的角度来说，很可能是因为管理者还没有真正做好检查与考核的细节工作。

试想一下，很多企业在检查工作时，经常是突击性检查的多，日常性检查的少；表面上严格的多，具体过硬的少。于是，检查便成为一项表面化的工作。员工不惧怕上级检查，检查也就失去了监督和约束的作用。

与此同时，由于考核指标、考核流程、考核方法设计的不同，考核出来的成绩也是大相径庭。这样一来，考核不知不觉就沦为一种形式化的工作，无法对员工起到激励和鞭策的作用。

由此可见，既然要检查，就要将检查当成一项常规性的工作，同时配合突击检查，随时发现员工执行中的真实问题；既然要考核，就要将考核当成一项严肃性、规范性的工作，让考核如实反映情况，再配合针对绩效考核结果的各类薪酬制度和奖励制度，那么检查与考核的作用就会得到充分体现。做考核也不再是一个口号，而是真正落地生根，发挥实效了。

目录
CONTENTS

前言

第1章
抓考核要结果，让管理简单有效

考核是按照一定的标准，采用科学的方法，遵循严谨的流程，衡量与评定员工完成岗位职责任务的能力与效果的管理方法。其主要目的是发掘和有效利用员工能力，促进企业业绩的提升。考核让管理更加简单有效，为企业创造一个又一个好的结果，使企业得以传承，基业长青。

1.1 工作无考核，管理低效率 / 2

1.2 考核的"三要"与"三不要"原则 / 5

1.3 考核检验管理执行力 / 10

1.4 把考核变成利器 / 14

1.5 向考核要结果 / 17

第2章
制定岗位职责，让考核有据可循

企业常常会遭遇这样的管理问题：各种考核办法用尽，却不能解决员工在工作期间偷懒及效率低下的问题。这是为什么？很有可能是岗位职责不明确导致考核难以奏效。因为员工对自己的岗位职责不清楚，目标优先级模糊，自然表现出一副无所事事的状态。因此，企业必须制定岗位职责，让每个岗位上的员工都能认清自己的责任，这样才能让考核有据可循。

2.1 因人设岗与因岗设人 / 22

2.2 岗位设计的"四讲"法则 / 26

2.3 影响岗位设计的因素 / 34

2.4 岗位分析，明确工作职责 / 37

2.5 职责制定，编制岗位说明书 / 45

2.6 职位评估，美世法与海氏法 / 58

第 3 章
设计工作标准，让考核不再凭经验靠感觉

企业再造大师迈克尔·哈默发现：企业中有 25% 的员工正在以低效的标准和方法工作。为什么会这样？因为没有定好工作标准。标准涉及操作、监督、核验等内容规范。管理就是把控好各个环节，确保流程畅通无阻。定好工作标准，让考核不再像"盲人摸象"般凭经验靠感觉，企业才能健康发展。

3.1 工作标准化，管理规范化 / 70

3.2 制定标准，考核不再是空谈 / 73

3.3 沟通标准，改进考核的方向盘 / 80

3.4 修正标准，考核也要与时俱进 / 83

3.5 落实标准，防止标准执行"两张皮" / 87

3.6 监督标准执行，坚决要到位 / 92

第 4 章
设定考核目标，让绩效导向结果

考核目标的设定是指导下属开展工作的基础。目标设定得合理可行会指引考核往一个良性方向发展，会为绩效考核打下坚实的基础。有了目标，绩效考核才会有方向，才会有好的结果。

4.1 "圈"定目标，"圈"出绩效 / 98

4.2 把使命和任务转化为目标 / 100

4.3 目标设定，SMART原则的应用实践 / 103

4.4 目标沟通，疏清绩效阻力 / 110

4.5 目标分解，变压力为动力 / 113

4.6 目标实施，变现"纸上蓝图" / 124

第 5 章
用好考核工具，让目标在执行中不走样

作为调动员工积极性的重要方式，考核是企业实现业绩增长的推动力，已日渐成为当今人力资源管理的重点，日益受到管理者的重视。而考核工具选用得恰当与否，在很大程度上决定着绩效考核的最终效果。

5.1 KPI关键绩效指标，衡量考核成效 / 130

5.2 BSC平衡计分卡，多维度管理 / 142

5.3 MBO目标管理，成就自我控制 / 157

5.4 PIV全面考核，四个方位评估 / 168

5.5 OKR统御目标，实现"上下同欲" / 178

第 6 章

量化考核办法，让管理不再棘手

为什么很多公司抓考核抓了很多年，考核所起的作用还是微乎其微，就像没有考核一样？为什么考核流于形式？很重要的一个问题是考核缺乏量化指标，导致考核结果趋同化，不能反映出各个员工的实际情况。因此，要想让考核真正发挥实效，就离不开量化考核办法。

6.1 指标不量化，管理无效果 / 182

6.2 量化考核五原则 / 184

6.3 数字量化法，明确考核数量 / 190

6.4 行动量化法，行为必须遵循规范 / 193

6.5 时间量化法，限定时间不突破 / 197

第 7 章

完善考核制度，让管理不再流于形式

俗话说"没有规矩，不成方圆"。对企业而言，规矩就是规章制度，是用来规范大家行为的规则、条文，是要求大家共同遵守的办事规程或行动准则。完善的考核制度是维护公平、公正的考核环境，保证考核有序进行、发挥实效的强有力武器。

7.1 考核制度"坐镇"，考核更轻松 / 200

7.2 把握考核制度建设的原则 / 203

7.3 制度文化，凸显人性化考核 / 208

7.4 没有流程，考核一切归零 / 215

7.5 设计工作流程，让考核有章可循 / 221

第1章
抓考核要结果，让管理简单有效

考核是按照一定的标准，采用科学的方法，遵循严谨的流程，衡量与评定员工完成岗位职责任务的能力与效果的管理方法。其主要目的是发掘和有效利用员工能力，促进企业业绩的提升。考核让管理更加简单有效，为企业创造一个又一个好的结果，使企业得以传承，基业长青。

管理就是做考核

只有考核到位，管理才会高效

1.1 工作无考核，管理低效率

有一个关于猎狗的故事，对企业管理中的绩效考核有很大的启示意义。

猎人带着一条健壮、凶猛、反应迅捷的猎狗去打猎。但是，这条猎狗的表现实在太让猎人失望了，连一个兔子都追不到。

一旁的山羊看到这一幕，讥笑道："猎狗老弟，你长这么健壮的身体，竟然连只兔子都跑不过，真是没用！"猎狗呵呵一笑："你有所不知，我们跑的目的是完全不同的！我是为了一顿饭而跑，兔子却是为了自己的生命而跑啊！"

这句话传到了猎人的耳朵里，他想："猎狗说的的确有道理，只有让猎狗像兔子那样为生命而跑，我才能得到更多的猎物。"于是，猎人又买了几条猎狗，并明确规定只有那些能够在打猎中捉到兔子的猎狗，才可以分得几根骨头，捉不到的就没有饭吃。

这一招果然有用，为了不挨饿，猎狗们纷纷努力去追兔子，猎人由此获得了更多猎物。

第1章 抓考核要结果，让管理简单有效

过了一段时间，又出现问题了。大兔子体力好，跑得快，非常难捉到。相比之下小兔子则好捉很多。但捉到大兔子得到的骨头和捉到小兔子得到的骨头差不多。一些善于观察的猎狗发现了这个窍门，于是专门去捉小兔子。慢慢地，大家都发现了这个窍门，于是捉到的兔子越来越小。

猎人以为是猎狗的技术不过关，于是专门针对"快速捕猎大兔子"展开了培训。但培训后，猎狗捉到的依然是小兔子。猎人就问其中一个猎狗这是为什么？猎狗说："捉大兔子和小兔子在奖励上没有区别，我们为什么费那么大的劲去捉那些大兔子呢？"

猎狗的这番话让猎人茅塞顿开，于是决定不将分得骨头的数量与是否捉到兔子挂钩，而是每过一段时间，就统计一次猎狗捉到兔子的总重量。以此来决定猎狗一段时间内的待遇。结果猎狗们捉到兔子的数量和重量都增加了。

这个故事很好地诠释了考核和管理的关系，从单一到全面，从粗浅到精细，考核是一个渐变的过程，管理也因此变得越来越有效率。

开始，猎人并没有考核猎狗，无论结果如何，反正都会有骨头吃，对猎狗来说，这是一份干与不干都一个样的工作，因此对这份工作并不重视，也没有工作动力，才会出现连兔子都跑不过的现象。

为了改变这种局面，猎人引入了竞争机制，使得捉到兔子和没捉到兔子的猎狗得到的奖励不一样。这是一个粗放式的考核方式，只考核了工作数量，没有考核工作质量，只是改变了干与不干都一个样的局面，给了猎狗可乘之机，纷纷去捉那些比较容易捉到的小兔子。

管理就是做考核
只有考核到位，管理才会高效

为了获得更好的猎物，猎人又将考核机制提升，除了考核数量，还要考核质量。由此一来，激励效果明显，猎人得到的兔子数量和质量都大幅提升。

1.2 考核的"三要"与"三不要"原则

绩效考核最早起源于英国。在英国实行文官制度初期,文官晋级主要凭资历,结果造成工作无效率,冗员充斥的局面。1854～1870年,英国实行文官制度改革,建立了注重表现、看才能的考核制度。根据这种考核制度,文官按年度逐人逐项进行考核,根据考核结果的优劣,实施奖励与职位升降。文官考核制度的实行,充分地调动了英国文官的积极性,大大提高了政府行政管理的效率,增强了政府的廉洁与效能。

英国文官考核制度的成功实行为企业提供了经验和榜样,使得企业开始借鉴这种做法,在企业内部实行绩效考核,通过对员工的表现和成绩进行实事求是的评价,通过了解组织成员的能力和工作适应性等方面的情况,并将其作为奖惩、培训、辞退、职务任用与升降等实施的基础与依据,以此提升管理效率,增强企业凝聚力,推动企业业绩增长。

考核要把握"三要"与"三不要"原则(见图1-1)。

| 管理就是做考核
| 只有考核到位，管理才会高效

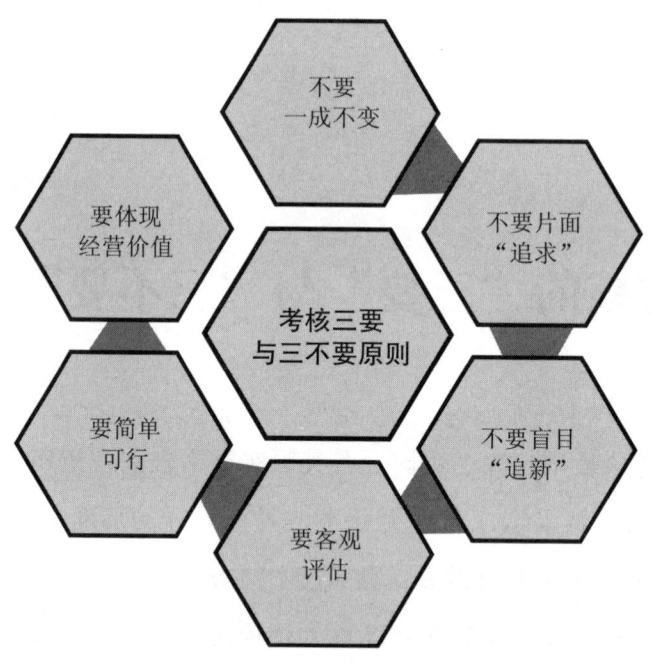

图 1-1 考核原则

1. 要体现经营价值

从经营角度来讲，考核是一种管理成本的投入。成本投入必然要求一定的价值回报，因此，考核要以企业战略为导向，将其融入到企业经营管理中，体现经营价值，即必须有明确的考评标准：要达到什么目标，要收到什么效果，如销售额增长多少，差错率降低多少，等等。而不是制定一些假大空的目标，忙时抓经营，闲时抓考核，让考核沦为走过场、求形式的工具，没有实际意义。

2. 要简单可行

考核能不能落地，能否一考就灵，其操作的简便性起着关键性作用。这里的简单易行有三个意思：一是考核标准、考核内容清晰明了，让考核者一看就懂，而不是云里雾里摸不着头脑；二是考核数据来源明确、简单可得，不用考核者前思后想，为了一个数据调动多个部门的人手，耗时好几个工作日；三是责任清晰、程序简单，把奖惩的标准量化直观地表达出来，并根据员工贡献的大小给予激励，让每个人都能对自己的目标负责。

3. 要客观评估

"老板看价值，员工看公平"，员工对考核认同来源于他人对自己客观、公正的价值贡献评价。越是优秀的员工越希望进行绩效考核，因为这可以将他与那些不作为的员工区分开来。而且，优秀员工希望得到的是公平的考核、客观的评估。因此，考核评估一定要有合理的流程和科学的方法。比如设定能够反映员工业绩的评估标准，选拔公正的考核人员，制定考核的具体流程，每月或每季度对员工的绩效进行考核。

4. 不要盲目"追新"

每一种考核工具与方法都反映了具体的管理思想和原理，都具有一定的科学性和合理性，同时，每一种考核工具方法又都有自己的局限性与适用条件范围。制定绩效考核方案，一定要着眼于企业自身的经营管理特点，选择适合的考核方法，而不是一味追求最新、最先进的考核技术或是生搬硬套，照葫芦画瓢。

5. 不要片面"追分"

在考核过程中，很多管理者会陷入一个误区：把考核的分数定义为员工的绩效，然后和绩效工资或奖金挂钩。实际上，这是对绩效评估的狭义理解。绩效考评打分，只是对员工一个阶段绩效表现的总结或者量化呈现，如果只是简单地用最后结果来评估这名员工的绩效价值贡献，就可能会走偏。

员工考核分数的高低，会受到考核指标的难易、考核标准高低的影响，很难说80分就一定比60分的绩效高。这也是引发员工异议，造成绩效考核无人关注、备受指责，或考核与管理两张皮的原因。仅凭分数评估，只重视量而忽略质，无法完全体现员工的价值量，无法真正识别优秀员工。绩效考评，不应忽视数据后面所隐含的价值信息。

6. 不要一成不变

企业的内外部环境始终处于变化之中，企业的发展战略略也会相应做出调整。自然，以企业战略为导向的绩效考核体系也需要随之做出调整。因此，幻想抱着一套考核体系去考核，是不现实的。有些企业的绩效考核指标十年如一日，永远是一套老办法，这样的绩效考核往往会流于形式，无法真正体现企业的核心目标，也无法对员工起到理想的导向作用。

好的绩效考核体系，其考核指标应该是可持续性变化的，会跟着市

第1章 抓考核要结果，让管理简单有效

场形势不断调整。市场这段时间的需求是什么，客户的要求是什么，必须体现在绩效考核指标上。企业近期的发展重点是什么，考核就应该指向什么；企业关注什么，就应该考核什么。这样才能发挥出绩效考核应有的作用。

> **管理就是做考核**
> 只有考核到位,管理才会高效

1.3 考核检验管理执行力

绩效考核强调目的,强调业绩贡献,是推进企业完成各项任务的保障,是检验管理执行力必不可少的手段,在企业人力资源管理中处于核心地位,对企业发展具有不可替代的作用。其作用主要体现在以下几个方面(见图1-2)。

1. 人员聘用的依据

通过绩效考核,可以充分了解员工的工作态度、学习能力、业务水平、责任感、贡献值等,从而可以很好地判断员工是否满足了岗位所需,判断员工的业务水平是否满足了公司的发展要求,从而决定员工的聘用及职务升迁。

2. 员工培训的依据

绩效考核是一个制定计划、执行计划、修正错误的过程,也是一个不断发现问题,不断改进问题的过程。通过绩效考核,可以了解员工的工作情况,发现其在工作中的不足与薄弱环节,从而为制定培训计划提供重要依据。

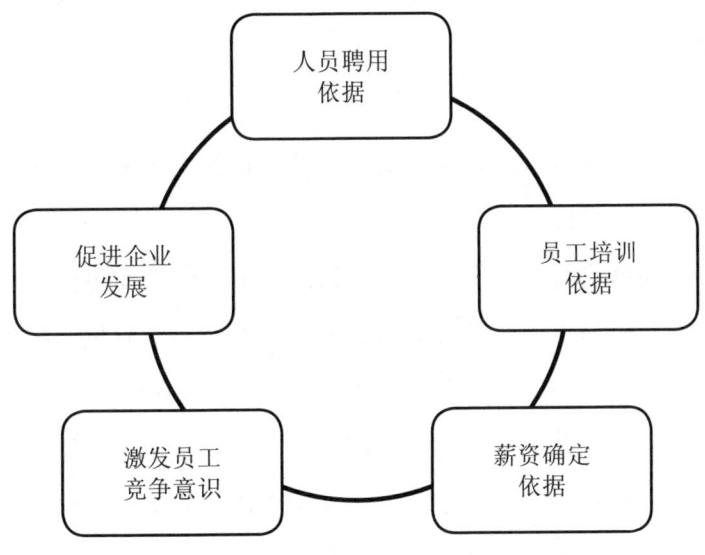

图1-2 绩效考核的意义

3. 薪资确定的依据

企业给员工多少薪水,根本依据是看员工为企业贡献了多少价值。而绩效考核是评估员工业绩的最有效手段。因此,通过科学合理的绩效考核,可以了解员工的价值,从而给员工符合其价值的薪资。

4. 激发员工的竞争意识

通过绩效考核,员工的业绩好坏、贡献值大小一目了然,这样就人

管理就是做考核
只有考核到位，管理才会高效

为地分出了员工的优劣，从而给落后员工制造心理压力，迫使他们积极上进，努力工作。否则，他们将会面临被淘汰的命运。因此，科学合理的绩效考核可以有效地激发员工的竞争意识，让员工你追我赶，自觉地奔跑起来。

绩效考核具有明确的目标，正所谓有目标就有压力，有压力才会产生动力，在这样的环境下，员工的竞争意识被激发出来，就像马儿一样不停地奔跑，向目标迈进。

例如，连锁快餐集团麦当劳公司为激发员工的工作热情规定，凡是表现出色的年轻员工，在进入麦当劳8～14个月后都有机会成为一级助理，表现突出的一级助理将会被提升为经理，成为企业的管理者；同时，为了保证公司的管理人才不会出现青黄不接的情况，麦当劳又做出规定，无论管理人员多么有才华，工作多么出色，如果他没有预先培养自己的接班人，那么其在公司里的升迁将不被考虑。

这种考核机制会形成马蝇效应。在强大的压力下，每个人都会尽一切努力培养接班人，并保证为新来的员工提供成长的机会。

5. 促进企业发展

绩效考核不仅仅是对工作结果的考核，同时也是对过程的管理。它将长期目标分解开来，变成年度指标、季度指标、月度指标，甚至每周指标，不断监督员工完成这一目标，从而帮助企业达成最终战略目标，促进企业发展。企业的成功和进步，又会产生一种积累优势，引发马太效应，从而获得更多的机会，取得更大的成功和进步。

第1章　抓考核要结果，让管理简单有效

因此，绩效考核作为企业人力资源管理的重要内容，是检验企业管理执行力的重要手段。

> **管理就是做考核**
> 只有考核到位，管理才会高效

1.4 把考核变成利器

在现实生活中，我们常常发现有不少管理者把自己忙得焦头烂额，恨不得一天有48小时可用；或者因为担心员工做不好，所有事情都亲力亲为，把自己搞得精疲力尽。其实，这种做法已完全背离了管理的真谛。管理不是让管理者自己来做事，而是让管理者管理别人做事。因此，管理者必须制定合理的考核办法，借助他人的智慧和能力，把考核变成实现企业目标的利器。

那么，考核具体要做什么？它的本质又是什么呢？我们不妨通过故事来了解一下。

在A公司，小张因为销售业绩出色，倍受器重，职务也从一般的销售代表，上升到了销售经理。

担任销售经理后，小张深感责任重大。上任伊始，就积极向下属传授经验，并身先士卒，亲自率领下属在市场中摸爬滚打，决心再创佳绩。

但事与愿违，业绩并没有达到预期目标。

临近年末，小张决定带领团队做销售总冲刺。但是，公司却在这个

第1章 抓考核要结果，让管理简单有效

时候推行了绩效考核。

小张非常烦恼，言谈之中不无抱怨："天天讲考核，天天谈管理，市场还做不做。考核是为市场服务，不以市场为主，考核还有什么意义。又是规范化，又是绩效，我们哪有精力去做市场。"

为了应付考核，小张和团队只能舍弃销售时间，整天穿梭在填表、打分中，错过了销售黄金期。最终造成的结果是销售下滑，主管精疲力竭，下属员工垂头丧气，积极性受挫。

这个故事中的管理团队因为没有深谙考核的本质，没有从企业层面、团队层面和个人层面界定考核（见图1-3），所以才会造成上述后果。

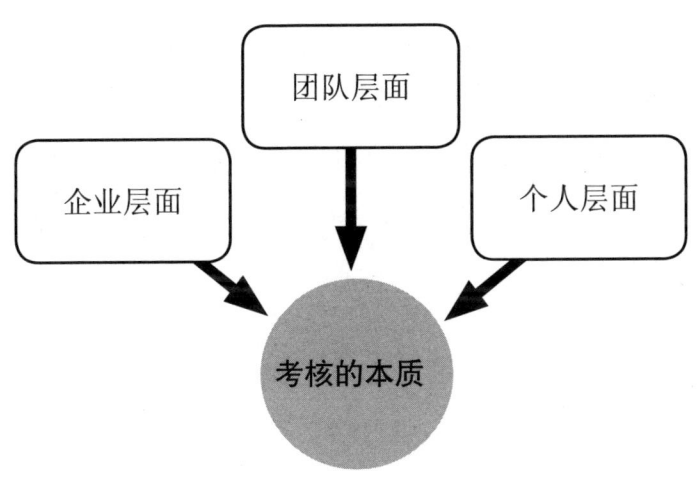

图1-3 考核本质界定的三个层面

从企业层面来看，考核反映的是企业的经济效益，而经济效益的表达形式是财务数据。所以，考核要以企业效益最大化为出发点，决定做

管理就是做考核
只有考核到位，管理才会高效

什么，不做什么，怎么做，什么时候做，绝对不能影响企业正常经营活动的开展。

从团队层面来看，考核的本质在于通过团队协作，形成一个行动的整体，促进绩效目标的实现，所以，考核要考虑怎么做才能不影响团队正常的运作机制，以及怎么做才能促进团队成员间的配合。

从个人层面来看，考核根据每个岗位所承担的角色和责任不同，给予不同的绩效指标，从而构成一个创造企业价值的动态过程，即价值链；通过个人绩效的提升，让价值链上的每一项价值活动都对企业目标的实现做出贡献，进而使整个价值链的综合竞争力提高。

只有在考核的时候，讲究个人与组织的协调性，以及如何达到整体最优化和个人最优化的结合，才能真正把考核变成一把利器，为企业披荆斩棘，开辟出一条发展的快速通道。

第1章 抓考核要结果,让管理简单有效

1.5 向考核要结果

考核追求的是什么?追求的是结果,即通过考核能得出一个怎样的结论、员工的业绩如何、员工的表现怎么样、员工是否符合企业对他的预期等。那么,怎样才能达到这个考核结果呢?这就要求管理者在绩效考核时,遵循以结果为导向的考核思维。

以结果为导向是绩效管理理论的基本概念和核心思想之一,即强调经营、管理和工作的结果。经营管理和日常工作中表现出来的能力、态度均要符合结果的要求,否则没有价值和意义。考核只有以结果为导向,才能让管理真正出效益,让企业真正出利润。

有这样一个故事。

有两个大学同学在职场打拼几年后,选择了创业。他们各自创办了一家房地产公司。甲是一个文化人,追求理想化。他认为企业要做大,必须要不断地激励员工,让大家团结一心,朝一个方向努力。所以,他非常重视精神激励,经常隔三差五请大家吃饭、唱歌,组织公司全体出去旅游。

管理就是做考核

只有考核到位，管理才会高效

乙是一个纯粹的生意人，追求以结果为导向的盈利目标。他认为企业要做大，必须有先进的企业管理制度，有科学合理的绩效考核制度，只有这样才能实现多劳多得的管理目标，才能让大家朝着企业目标迈进。

乙通过分析客户需求来建造并且销售房子，又通过销售结果分析来了解客户需求的变化，同时还设立了一套很好的激励制度，重奖当月为销售做出重大贡献的员工。

一年过后，甲和乙的创业结果截然不同。甲的公司业绩处于亏损状态，员工流失率高，留下来的基本上是一些没有大追求的员工。而乙的公司稳扎稳打，不但获得了巨大盈利，员工的流失率还很低，创业团队非常稳定。甲大惑不解地问乙："同样是创办房地产公司，同样是建房子、卖房子，为什么你的公司能盈利，我的公司却在亏损？你有什么高招吗？"

乙微微一笑，说："我没什么高招，我就是制定一套制度，让大家遵守。再者，我重视绩效考核，谁有能力，谁给公司贡献的价值多，我就给谁高薪。谁没能力，谁给公司贡献的价值少，我就给他相应少的报酬。这样才能激励员工不断追求业绩，追求高薪，企业才能获得高回报。"

通过这个案例，我们可以发现：企业要发展，就必须以结果为导向，就必须重视绩效考核。这样才能激励先进，鞭策后进，让每个人都积极上进。这一点，在海尔集团的管理中也有典型的体现。

海尔为了提高企业技术开发人员的工作效率，提出了"负债工作法"考核办法，即企业提供一定资源，员工就要创造出相应的价值，技术人员要按时开发出产品，开发出的产品还要有质量保证和销售额的保证。

例如，一个项目的负债额是 10 万元，项目成立后，按目标应该达到年产 5 万台的产量，达到这个目标后按规定应得到 3 万元。批量投产后，如果一年超过了 5 万台，就等于完成了负债额，技术人员包括项目开发人员和项目组织人员的收入会在 3 万元的基础上递增。产量达到 10 万台时，开发人员就可以得到 6 万元的收入。如果没有达到标准，就要按比例倒扣，假如只达到 3 万台，就只能收入 1 万元了，而此人的负债额还有 4 万元（总负债额的 3/5），则需要开发其他项目把这次的负债额补上。

海尔的"负债工作法"考核办法体现了结果导向原则，这里的结果是提高技术开发人员的工作效率，具体则体现在开发出的产品数量和销售额上。

柏拉图说："在人的心中，有两匹马，一匹是情感的野马，一匹是理智之马"。对于企业管理者来说，心中也有两匹马，即功利与理想之马。无数的生存事实告诉我们，功利的往往才是真实的，有效果的。考核，不妨做得功利一点儿，抓住赚钱、现金流和生存的主题，以此为导向，让理想根植于现实，让考核服务于战略。

第2章
制定岗位职责，让考核有据可循

企业常常会遭遇这样的管理问题：各种考核办法用尽，却不能解决员工在工作期间偷懒及效率低下的问题。这是为什么？很有可能是岗位职责不明确导致考核难以奏效。因为员工对自己的岗位职责不清楚，目标优先级模糊，自然表现出一副无所事事的状态。因此，企业必须制定岗位职责，让每个岗位上的员工都能认清自己的责任，这样才能让考核有据可循。

| 管理就是做考核
| 只有考核到位，管理才会高效

2.1 因人设岗与因岗设人

"因人设岗"和"因岗设人"是两个相对的概念。因人设岗指的是根据人才的具体情况（能力、特长、性格等）定制一个岗位，对岗位的职责界定和标准要求都是按照既定人员设计的。典型表现是当这个人离开的时候，该岗位需要进行重新设计，甚至撤销。以岗定人指的是根据企业业务需要，先设置好明确的岗位，即岗位基本信息、岗位职责标准、岗位任职条件等，然后选择符合岗位要求的人配置到该岗位，即人要符合岗位要求。

到底是根据业务需求设立岗位，还是根据员工目前的能力现状设立岗位？这是很多企业管理者面临的最困难的选择。

我们来看看二者的优缺点（见表2-1）。

在多数情况下，企业应当根据业务模型及该模型的组织结构来设立岗位，随后为该岗位提供一个合格的在职人选。当企业有一些非支持性业务需求时，根据人员能力设立岗位也是一种可以被接受的做法。

第2章 制定岗位职责，让考核有据可循

表2-1 "因人设岗"和"因岗设人"的优缺点

	优点	缺点
因人设岗	有利于保留、招揽稀缺人才	可能会导致业务的战略性漂移；为解决复杂的人事问题所设立的岗位数量超过所需；为新岗位确定职责和绩效目标很困难；新建岗位与企业其他岗位很难融合；给企业带来额外成本
因岗设人	减少冗员；提高生产率；有利于人才流动；有利于发挥大多数人的积极性；有利于人尽其才	可能使一些人失去工作；可能使某些战略人才离职

具体来说，"因人设岗"和"因岗设人"要考虑以下因素（见图2-1）。

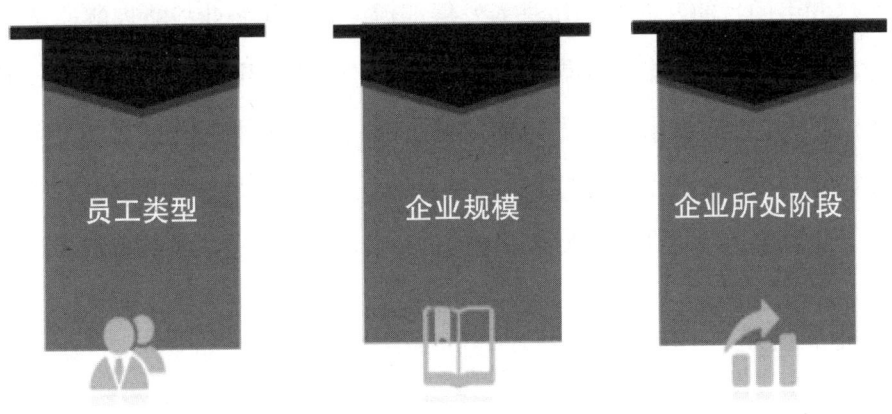

图2-1 "因人设岗"和"因岗设人"考虑的因素

管理就是做考核
只有考核到位，管理才会高效

1. 员工类型

员工类型是企业在选择"因人设岗"和"因岗设人"时应考虑的首要因素。一般来说，战略性核心人才、市场稀缺人才，企业应更多的考虑因人设岗。因为这类员工获取成本高，价值大，即使处于不同岗位，也能迅速为企业创造价值。譬如联想公司董事长柳传志在考虑接班人时，综合评估了杨元庆和郭为的优势特长，将联想一分为二，让其分别领导。这就是典型的因人设岗。不仅能够人尽其才，也能够达到激励人才，留住人才的目的。

2. 企业所处阶段

企业特点也是决定采用"因人设岗"还是"因岗设人"的原因。当公司处于创业阶段时，往往存在着职责不是很清晰，一人多岗的现象，但是员工的能力较强，且工作热情极高。这个阶段选择因人设岗，往往能保证人尽其用的目的。而当公司进入发展期后，公司对企业战略理解非常准确，能完美地将企业战略需要进行分解，落实为部门职责，再分解为各个岗位职责。此时运用因岗设人的原则更有利于企业的稳定发展和员工数量的控制。当企业进入衰退期，生产不景气，为了保持增效可能需要大量裁员。此时选择因岗设人，保留关键岗位人员，可将人力成本最小化。

3. 企业规模

企业规模的大小是影响"因人设岗"和"因岗设人"决策的又一影响因素。企业规模较小时，公司的组织架构还不明朗，管理制度也不完善，但员工都是能力较强的核心人才，此时采用因人设岗的原则，有利于企业迅速壮大。但是随着组织规模的扩大，会逐渐走向制度化，此时选择因岗设人更有利于企业的持续成长。

"因人设岗"和"因岗设人"原则并不矛盾，企业可以根据具体情况结合使用。就像汇丰银行香港分行副总裁Jimmy所说的："根据我自己的管理理念，我想说应该把二者结合起来。对于一个特定的岗位职能，总有一个业务和职能需求，通过对人员进行培训和发展，以使员工能够匹配该岗位的要求。"有时使一个岗位去适合一个个人也会得到很高的价值。但是，无论采取哪种方法，岗位和人员之间应该有良好的匹配。

| 管理就是做考核
| 只有考核到位，管理才会高效

2.2 岗位设计的"四讲"法则

岗位设计，又称工作设计，是指根据组织需要，并兼顾个人的需要，规定每个岗位的任务、责任、权力以及组织中与其他岗位关系的过程，其目的是满足员工和组织的需要，提高工作效率，为考核提供依据。

1. 岗位设计内容

岗位设计的主要内容包括工作内容、工作职责和工作关系三个方面（见图2-2）。

（1）工作内容

工作内容是岗位设计的重点，一般包括工作广度、深度、工作的自主性、工作的完整性以及工作的反馈五个方面。

工作的广度，即工作的多样性。工作设计过于单一，员工容易感到枯燥和厌烦。因此设计工作时，尽量使工作多样化、丰富化，使员工在完成任务的过程中能进行不同的活动，保持工作兴趣。

工作的深度，即工作的难易程度。工作应具有从易到难的一定层次，

第2章 制定岗位职责，让考核有据可循

应对员工工作的技能提出不同程度的要求，从而增强工作的挑战性，激发员工的创造力和克服困难的能力。

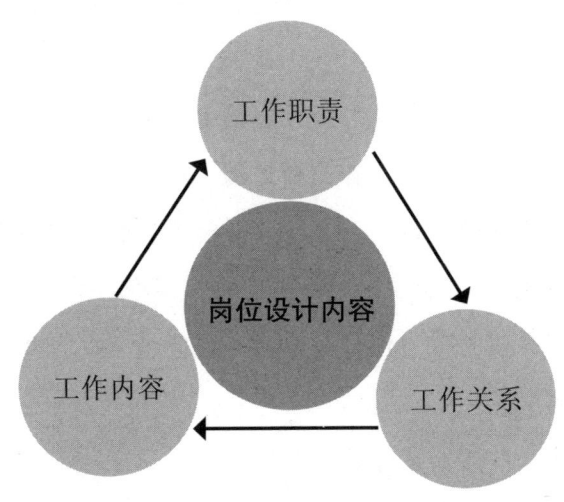

图2-2 岗位设计内容

工作的完整性，即工作的全过程。保证工作的完整性能使员工感受到工作的意义，获得成就感。

工作的自主性，即工作自主权力。适当的自主权力能增加员工的工作责任感，使员工感到自己被信任和重视，从而更加重视自己的工作，使得工作责任心增强，工作热情提高。

工作的反馈性，即工作评价。工作反馈包括两方面的信息：一是同事及上级对自己工作意见的反馈，如对自己工作能力、工作态度的评价等；二是工作本身的反馈，如工作的质量、数量、效率等。工作反馈信息使员工对自己的工作效果有一个全面的认识，能正确引导和激励员

工,有利于工作的精益求精。

(2)工作职责

工作职责设计主要包括工作的责任、权力、方法以及工作中的相互沟通和协作等。

工作责任,即工作负荷。指界定员工在工作中应承担的职责及压力范围,防止过低或过高。工作负荷过低,没有压力,会导致员工行为轻率和低效;工作负荷过高,压力过大又会影响员工的身心健康,会导致员工抱怨和抵触。

工作权力。权力与责任是对应的,责任越大权力范围越广,责任越小权力范围越窄。

工作方法。包括领导对下级的工作方法,组织和个人的工作方法等。工作方法的设计具有灵活性和多样性,不同性质的工作根据其工作特点的不同采取的具体方法也不同,不能千篇一律。

相互沟通,即信息沟通。沟通是整个工作流程顺利进行的信息基础,包括垂直沟通、平行沟通、斜向沟通等形式。

协作。整个组织是由若干个相互联系、相互制约的环节构成的有机联系整体,每个环节的变化都会影响其他环节以及整个组织运行,因此各环节之间必须相互合作、相互制约。

(3)工作关系

岗位设计中的工作关系,表现为协作关系、监督关系等方面。

2. 岗位设计的"四讲"法则

岗位设计，我们遵循"四讲"法则，即讲分类，讲要素，讲原则，讲流程。

（1）讲分类

通常，一个企业的岗位分为以下六类（见表2-2）。

表2-2 企业岗位分类

序号	岗位类别	分类标准
1	管理岗位	对企业经营与管理系统的高效运行和各项经营管理决策的正确性负责，如总裁、董事长、部门经理等
2	专业岗位	对行政管理系统提供专业管理信息与参谋，对管理服务的质量负责，如税务会计、薪酬绩效专员、经营计划专员、风险控制专员等
3	技术岗位	对企业产品和技术在行业中的先进性负责，如技术工程师、研发工程师、产品设计师、技术员等
4	市场岗位	对产品的品牌及市场占有率负责，如销售代表、市场专员、推广专员、品牌运营专员等

续表

序号	岗位类别	分类标准
5	操作岗位	指生产线上的操作岗位
6	辅助岗位	与企业经营管理相关度较小的岗位,如前台文员、保洁员、保安员等

企业应根据业务需要和不同岗位的工作特点、技术要求和责任大小,合理确定岗位类别,并根据实际工作需要进行优化调整。

例如,某企业营销部的岗位设计见图 2-3。

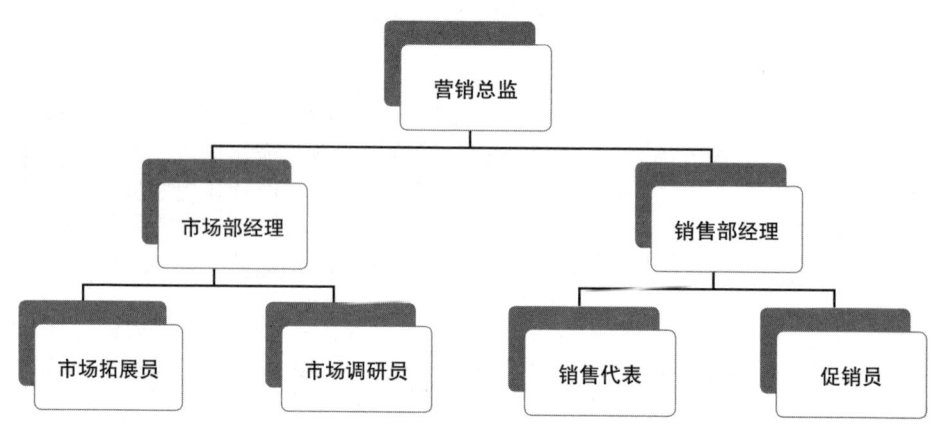

图 2-3 某企业营销部的岗位设计

(2)讲要素

岗位设计考虑的要素包括岗位的主要工作内容、为了达到岗位目标需要的资源和工具、做好本岗位工作应具备的能力，以及该岗位的工作业绩如何考核？该工作向谁汇报，上下级是谁？该岗位的工作量多大？

（3）讲原则

岗位设计要把握以下原则：

立足企业现实，着眼于企业长远发展，根据职能及发展的需要，以所承担的工作任务为基础，按照工作性质、工作任务、工作内容等因素设置不同的工作岗位。如果企业中某人对经营的作用举足轻重，也可以考虑因人设岗。

以提高工作效率为前提，在精简效能的前提下尽可能缩短岗位之间信息传递时间，保证每个岗位的满负荷工作，保证岗位的职、责、权相统一，发挥岗位的最佳效能。

根据不同岗位的工作特点、技术要求和责任大小，合理确定岗位的结构比例，并根据实际工作需要进行优化调整。

善用德鲁克原则。"一个职位，如果先后由两人或三人担任都失败了，就能肯定这是一个常人无法胜任的职位，必须重新设计。"岗位设计应该基于正常情况考虑，而不是基于例外情况。对于长时间找不到适合的人的岗位，有必要重新设计或裁撤。

（4）讲流程

岗位设计应该遵循以下流程（见图2-4）。

第一步，明确岗位设计需求。

依据企业战略目标和年度工作计划对各个岗位所承担的工作进行分析，明确岗位设计的需求，明确岗位主权关系、岗位工作内容设计、岗位改进与调整的原则。

图 2-4 岗位设计流程

第二步，进行岗位设计分析。

在明确岗位设计需求的情况下，对岗位设计的可行性进行分析。如分析该岗位是否能为企业带来经济效益，是否能调动员工的工作积极性。

第三步，评估岗位工作特征。

在岗位设计可行性分析的基础上，成立岗位设计小组，调查评估岗位工作特征，提出岗位设计的改善或调整方向。

第四步，制定岗位设计方案。

岗位设计小组根据岗位调查和评估结果，提出可供选择的岗位设计方案，包括岗位工作特征改善对策、新岗位的工作职责、工作流程和工作方式等内容，并征求岗位任职者、岗位直属上下级以及与岗位工作关系密切的人员的意见，然后不断完善岗位设计方案。

第五步，实施岗位设计方案。

实施岗位设计方案，并对方案的试点情况进行评价。如岗位任职者的态度和反应、工作绩效情况和岗位支付成本与收益情况。

只要严格遵循岗位设计的"四讲法则",就能够设计出权责明确的岗位,让员工清晰各自的岗位职责和权限。同时,在绩效考核时,考核人员也知道针对各个岗位,制定哪些考核标准。这样就能保证考核有针对性,能够落到实处,而不只是一种形式了。

| 管理就是做考核
只有考核到位,管理才会高效

2.3 影响岗位设计的因素

一个成功有效的岗位设计,必须综合考虑各种因素,既需要对工作进行周密而有目的的安排和分析,又需要考虑员工素质、组织模式、社会环境等因素。具体来说,以下几个因素是必须考虑的(见图2-5)。

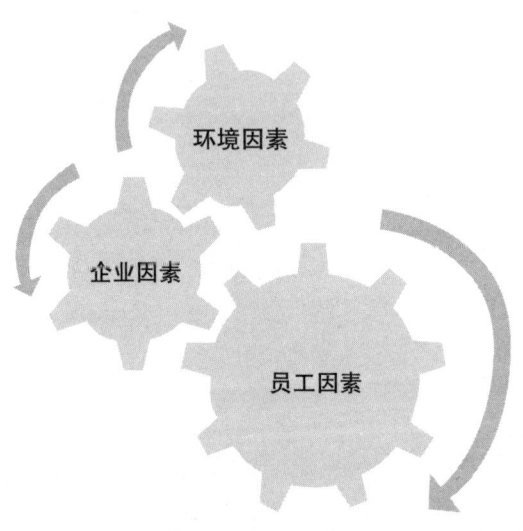

图2-5 影响岗位设计的因素

第2章 制定岗位职责，让考核有据可循

1. 员工的因素

岗位设计围绕员工进行，因此，员工需求的变化是岗位设计不断更新的一个重要因素。

随着文化教育和经济发展水平的提高，人们的需求层次也提高了。除了一定的经济收益外，个人爱好、成长机会、激励措施、职位质量都是人们选择的动因。岗位设计只有重视员工的要求并注重开发和引导其兴趣，尽可能地使工作特征、要求和员工个人特征相匹配，给他们的成长和发展创造有利条件和环境，才能激发员工的工作热情，增强组织吸引力，留住人才。

在这个越来越眼球化的时代，设计所能带来的经济收益越来越重要，设计师对企业的价值也与日俱增。要想获得更加"值钱"的创意，不妨考虑设计师自身因素，为他们设计自主权更大、工作内容更丰富的岗位职责，让他们感受到工作带来的乐趣和成就感。

2. 企业的因素

岗位设计最基本的目的是为了提高组织效率，增加经济效益。因此，岗位设计要考虑企业因素。

（1）岗位设计的内容应和企业生产经营活动相关，以保证企业生产经营总目标顺利有效地实现。

（2）全部岗位构成的责任体系应该能够保证组织总目标的实现。

（3）岗位设计应该全面权衡经济效率原则、员工的职业生涯和心理

上的需要，找到最佳平衡点，保证每个人能够最大限度发挥潜能，为企业创造最大的价值。

3. 环境因素

岗位设计必须从现实环境出发，考虑企业人力资源的实际水平，而不能仅仅凭主观愿望。例如，在企业人力资源素质不高的情况下，工作内容的设计应相对简单，在人才的引进上也不应一味追求"高大全"型的人才，否则会导致引进的高技术人才没有合适的岗位，造成资源浪费，成本增加，影响企业正常发展。

此外，不同的员工需求层次是不同的，这就要求企业在进行岗位设计时应考虑一些人性方面的东西，如薪资福利、弹性工作等。

2.4 岗位分析，明确工作职责

岗位分析又称工作分析、职位分析，是通过一系列的信息收集和分析手段，对企业各类岗位的性质、任务、职责、劳动条件和环境，以及员工承担本岗位任务应具备的资格条件所进行的系统分析与研究，并由此制定岗位说明书的过程。

1. 岗位分析的作用

岗位分析的作用主要体现在以下几个方面（见图2-6）。

（1）人力资源规划

在不断变化的市场环境下，有效地进行人力资源预测和规划，对于企业的生存和发展具有十分重要的意义。岗位分析可以形成岗位描述和岗位规范等相关信息，为企业预测未来人力资源的需要和供给状况，为相应的计划制定和实施提供依据。

（2）人员招聘、甄选和配置

岗位分析对岗位所需人员的经历、能力、技能、学历等条件都做出了详细的规定说明，使人员招聘、甄选和配置有了标准，从而避免了企业选人、用人的盲目性。

图 2-6 岗位分析的作用

（3）绩效考核

通过岗位分析，能够明确工作职责、工作任务和工作权限，建立规范化、合理化的工作程序和结构，这些都为绩效标准的制定提供了依据。

（4）员工职业生涯设计

岗位分析根据企业自身状况，进行整体性、系统性的岗位配置，使任职者对自己的职责、位置、目标一目了然，有助于他们对自己的职业生涯进行规划，从而确立发展方向。

（5）人力资源培训

岗位分析可以提供做好该项工作所需的能力素质和信息，从而为分析任职者的培训需求提供了依据，有利于提高整个人力资源培训和开发活动的效率和效果。

2. 岗位分析的导向原则

岗位分析应该把握四个导向原则（见图2-7）。

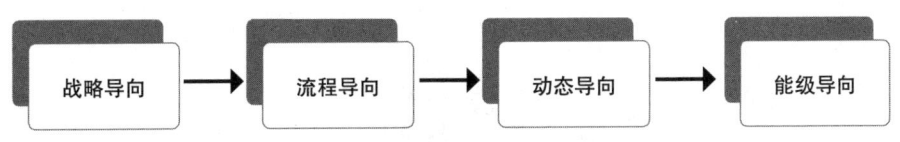

图2-7 岗位分析的导向原则

（1）战略导向

岗位分析必须以企业战略为导向，满足于特定的内部顾客和外部顾客的需求，各个岗位的设置与职责规范必须与企业的发展战略相适应，并能够支持企业战略目标的实现。

（2）流程导向

岗位分析必须与企业内部流程和系统密切衔接，与提高流程的速度与效率相配合，促进企业的流程优化与提升。

（3）动态导向

岗位分析必须根据企业的战略、组织、业务和管理的变化，进行适时调整，以便保持企业组织与管理的连续性。

(4) 能级导向

岗位分析必须考虑该岗位在组织中的能级大小。能级是指组织机构中各个岗位功能的等级，也就是岗位在组织机构这个"管理场"中所具有的能量等级。一个岗位能级的大小，是由它在组织中的工作性质、繁简程度、责任大小、任务轻重等因素决定的。功能大的岗位，其能级就高；反之，就低。一般来说，在一个企业中，岗位能级从高到低，可分为四大层次：决策层、管理层、执行层和操作层，并呈上小下大的梯形分布状况（见图2-8）。

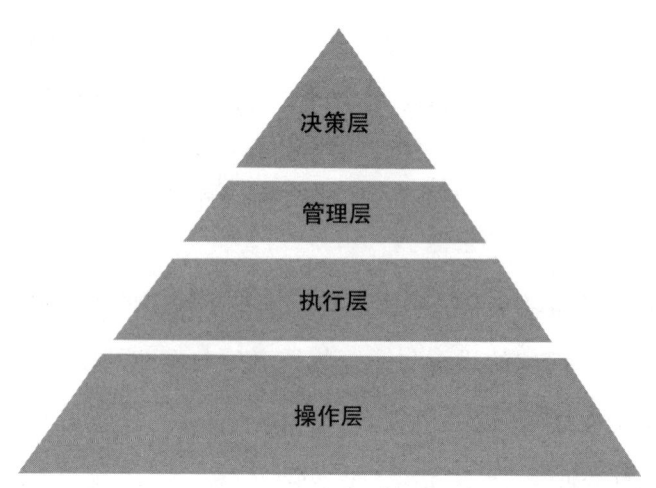

图 2-8 岗位能级分布状况

3. 岗位分析的方法

在对岗位进行分析时，遵循一定的方法才能事半功倍。常用的岗位分析方法有六种（见图2-9）。

第2章 制定岗位职责，让考核有据可循

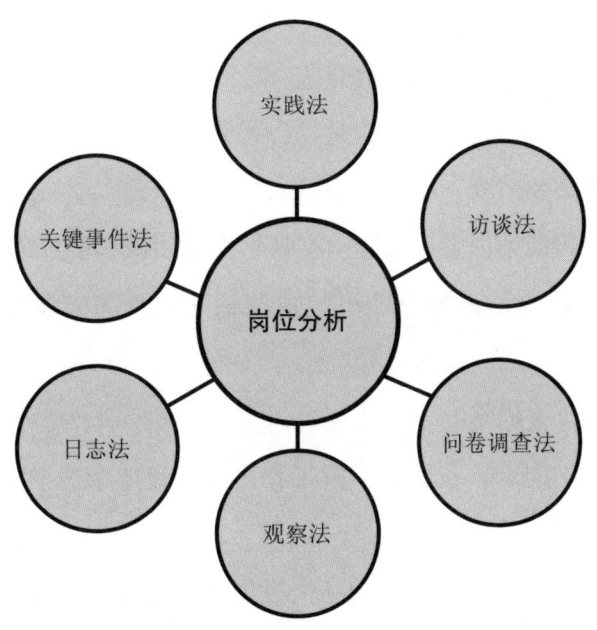

图 2-9 岗位分析方法

（1）实践法

指了解工作的实际任务以及该工作对人的体力、环境、社会等方面的要求；观察、记录与核实工作负荷与工作条件，观察、记录、分析工作流程及工作方法，找出不合理之处。

实践法适用于短期内可以掌握的工作。对于需要大量训练才能掌握或有危险的工作，如飞行员、脑外科医生、战地记者等，不宜采用此法。

（2）访谈法

访谈法适用面较广，是一种被广泛采用，相对简单、便捷的搜集信息的方法。通过与各类人员的接触谈话，收集和岗位设置有关的各类信息，并及时修正。

访谈原则及标准:

所提问题和职务分析的目的有关;

职务分析人员语言表达要清楚、含义要准确;

所提问题必须清晰、明确,不能太含蓄;

所提问题和谈话内容不能超出被谈话人的知识和信息范围;

所提问题和谈话内容不能引起被谈话人的不满或涉及被谈话人的隐私;

预先准备访谈提纲;

与主管密切配合,找到最了解工作内容、最能客观描述工作职责的员工;

尽快与被访谈者建立融洽的感情氛围(知道对方姓名、明确访谈目的及选择对方的原因);

访谈中应该避免使用生僻的专业词汇;

访谈者最好能被动地接受信息;

工作问题与员工有不同意见,不要与员工争论;

员工对组织或主管有抱怨,不要介入;

不要流露出对某一岗位薪酬的特殊兴趣;

不要对工作方法与组织的改进提出任何批评与建议;

请员工将工作活动与职责按照时间顺序或重要程度顺序排列,这样能够避免一些重要的事情被忽略;

访谈结束后,将收集到的信息请任职者和主管阅读,以便修正。

(3)问卷调查法

问卷调查法也称问卷法，是调查者运用统一设计的问卷向被选取的调查对象了解情况或征询意见的调查方法。

用问卷调查法进行岗位分析的优点在于能够向众多员工迅速了解信息，节省时间和人力；员工填写工作信息的时间较为宽裕，不会影响工作时间，适用于在短时间内对大量人员进行调查；结构化问卷所得到的结果可由计算机处理，费用低。缺点在于问卷的设计需要花费时间、人力和物力，费用较高；单向沟通方式，所提问题可能不为员工理解，可能造成填写者不认真填写，影响调查的质量。

（4）观察法

观察法是通过观察任职者的工作状态，进行岗位信息搜集和分析的方法。

观察法所适用的被观察者应该有相对稳定的工作和相对固定的工作场所，大量标准化的、周期较短的以体力活动为主的工作，如组装线工人、会计员等，更适合采用观察法。

（5）日志法

日志法是通过员工的工作日志，进行岗位信息搜集和分析的方法。

日志法的优点在于前期以较小的直接成本就能获得大量的、更为准确的信息。缺点在于加大员工工作的负担，员工可能存在夸大自己工作重要性的倾向。

（6）关键事件法

关键事件法对完成工作的关键性行为进行记录，以反映特别有效和特别无效的工作行为，主要应用于绩效评价标准的建立、甄选标准的开

管理就是做考核
只有考核到位,管理才会高效

发以及培训员工等方面。具体做法是:在预定的时间(通常为半年或一年),利用对这段时间内员工工作中的事件的记录,再经过主管与被测评者讨论,为测评提供依据。

2.5 职责制定,编制岗位说明书

了解了岗位设计的法则及其影响因素,明确了各岗位的工作内容,接下来要了解的是岗位说明书,进而编制岗位说明书。

岗位说明书是描述某个岗位在组织中所承担的责任和任职者应具备的基本任职条件的说明,是企业工作分析和岗位研究最终得出的一个关键性文件,其价值主要体现在以下六个方面(见图2-10):

1.为招聘、录用员工提供依据

岗位说明书规定了任职者的基本资格要求,如学历、工作经验,所需要的知识、技能等,可以作为企业招聘的标准和参考依据。通过对岗位说明书的分析,可以确定不同岗位人员的招聘渠道、途径和方法,杜绝招聘前的盲目性;同时根据岗位要求,提前对员工进行有针对性地培训,减少其对工作的不适应。

2. 为员工的目标管理提供依据

企业在给员工设定目标时，要依据岗位说明书所规定的职责给员工设定目标。从这个角度来说，岗位说明书是给员工下达目标的凭证。例如，给人力资源部的培训专员下达的目标是培训的指标，而不能给他下达薪酬管理的目标。

另外，在岗位说明书中，还规定了每个岗位具体有哪些职责，具体的工作内容是什么，这也为员工的目标管理提供了重要的依据。员工可以依据岗位职责对自己的岗位目标进行管理，同时也便于主管随时查阅岗位说明书，以便更明确、有效地指导员工进行目标管理。

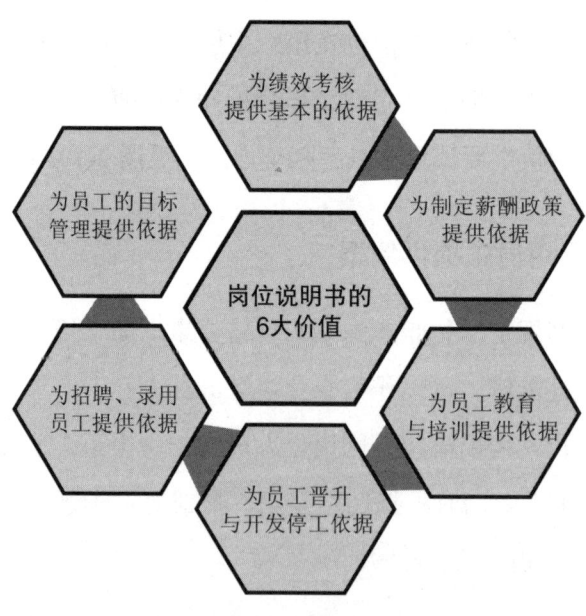

图 2-10 岗位说明书的价值

3. 为绩效考核提供基本的依据

在绩效考核的时候，只要看一看岗位说明书，就知道各个岗位应该考核哪些方面的内容。岗位说明书明确地规定了某一项职责的范围是全责、部分还是支持，很清楚地划分了员工的职责。员工是否完成了岗位说明书里规定的工作，是否履行了相应的职责，通过考核就能很清楚地得出结论。

4. 为制定薪酬政策提供依据

我们知道，直接决定薪酬的是岗位评价，而岗位评价的依据是岗位说明书。只有依据岗位说明书来评价员工的表现，才是有意义的评价。如果没有岗位说明书、岗位内涵分析、员工规格分析等资料，就无法进行岗位评价。因此，从根本上说，岗位说明书为薪酬政策的制定提供了重要的依据。没有岗位说明书，企业制定薪酬政策就失去了可参考的标准。

5. 为员工教育与培训提供依据

教育和培训员工，是为了满足岗位职务所需。怎样才能满足岗位职务所需呢？首先应该明确岗位需要哪些知识、技能和素质，而这些可以从岗位说明书中得到答案。因此，企业可以根据岗位说明书的具体要求，对能力欠缺的员工进行有针对性的培训，提升他们的素质，达到岗位说明书的任职要求。

6. 为员工晋升与开发提供依据

在工作过程中，对于能力突出、表现出众的员工，企业应适时调整他们的职位或职务，这样才能有效地激发员工的积极性。调整员工职位或职务离不开人事考核，人事考核又是以员工为对象的，以岗位说明书的要求为考核依据的。通过对员工各方面素质的综合评价，判断他们是否称职，再由此做出任免、奖罚、报酬、培训等。因此，岗位说明书是员工晋升的重要依据。

岗位说明书的作用如此之大，使得企业管理者不得不重视、运用它，而运用它的前提是制定出岗位说明书。那么，岗位说明书有哪些内容组成呢？

（1）基本信息

基本信息包括岗位名称、岗位编号、所属部门、直接上级、直接下级、岗位薪级、岗位类别、岗位定员、编制日期、编制者、核准者等，公司可根据实际情况和人力资源部具体规范要求填写（见表2-3）。

表2-3 基本信息表

岗位名称		岗位编号	
所属部门		岗位薪级	
直接上级		岗位类别	
直接下级		岗位定员	

第2章 制定岗位职责,让考核有据可循

(2)岗位概要

岗位概要是岗位工作的概括性描述,可以用几句话简明扼要地说清楚该岗位存在的目的。如为了……结果(目标),在……的指导(约束)下,做……工作。

例如,某公司销售经理的岗位概要:为了完成公司年度销售目标,实现公司业绩持续增长,在董事会授权下,领导制定和实施公司总体销售计划,建设高效的销售团队,管理所属部门工作。

(3)工作职责

工作职责描述的是岗位的主要工作内容,是岗位说明书中最重要的内容之一。例如,完成公司领导交办的政务事务、公文草拟、文件、会议组织、企业文化等工作。当职责较多时,应分项逐条列出。

如某投资公司产品研发经理的工作职责:

独立完成产品架构设计与包装;

协调培训部进行产品内部路演,合规支持与培训;

定期汇总所辖基金销售数据,掌握基金募集动态;

关注行业及监管动态,撰写定期报告;

发掘利用公司内外部资源,丰富公司产品渠道;

开展产品可行性评估、产品设计;

制定产品销售募集资金投资方案、评估投资收益;

负责募集资金的具体投资实施工作;

完成其他领导交代的管理性工作。

(4)工作沟通关系

工作沟通关系包括内部沟通关系和外部沟通关系。内部主要指公司各部门；外部指该岗位需要接触的公司外部单位或机构，如工商、税务、财政、环保等政府机关，资产评估、法律咨询、会计审计、培训等中介机构，印刷、运营、广告、供应商等服务机构。

例如，某公司行政人员的工作沟通关系为：内部沟通公司各相关部门；外部沟通新闻出版局、派出所、保安公司、印务公司等相关单位。

工作沟通包括四项内容：沟通对象、沟通事项、沟通程度以及沟通频率（见表2-4）。沟通频率按照该岗位针对同一沟通对象每天/每周/每月的沟通次数，一般分为偶尔沟通（一月几次），经常沟通（一周两三次），持续沟通（每天）。

表2-4 工作沟通表

沟通类型	沟通对象	沟通事项	沟通程度	沟通频率
内部沟通				
外部沟通				

（5）任职要求

任职要求说明任职者从事该项工作所必须具备的知识、技能、能力、爱好、体格和行为特点等要求，具体来说又包括以下内容：任职资格、教育水平、工作经验、所需培训、专业知识、学习能力、沟通能力、决策能力、适应能力、控制能力、执行能力等（见表2-5）。

第2章 制定岗位职责，让考核有据可循

表2-5 任职要求

教育水平	
工作经验	
专业知识	
能力素质	
其他要求	

公司可根据实际需求和岗位特点，制定任职要求，以此作为人员筛选、任用和调配的基础。例如，某公司文职人员的任职要求为（见表2-6）：

表2-6 某公司文职人员的任职要求

教育水平	大专及以上文化程度
专业要求	中文、文秘、法律、管理等相关专业
所需培训	公文写作、公关礼仪、劳资管理等培训
工作经验	2年以上行政管理工作经验
业务知识范围	熟练掌握企业管理基础理论知识；熟悉相关法律法规、政策；熟练使用Word、Excel等办公软件，熟练使用互联网查找资料；具备财务基础理论知识；熟悉接待、礼仪知识

续表

文字表达能力	具备较强的公文写作能力，能起草各种工作计划、总结，正确理解相关规定和有关文件精神，能够进行口头报告及撰写书面工作报告和组织业务培训
协调能力	具备善于梳理多项工作事务的统筹协调能力，做事有条理，有效率
沟通能力	具有良好的团队合作精神及优秀的人际交往能力

（6）工作条件

工作条件包括工作环境、工作时间与工作所需设备工具。工作环境是该岗位所处的环境艰苦程度，一般用较好、一般、艰苦来描述；工作时间是该岗位工作时间的长短，主要包括正常工作时间、平均加班时间、平均出差时间以及班制形式等四个方面的内容；工作所需设备工具是该岗位工作中需要接触的各种设备工具。例如，某公司对行政人员的工作条件描述见表2-7。

表2-7 某公司行政人员的任职要求

工作环境	本岗位以室内工作为主，基本不涉及室外工作
工作时间	本岗位实行8小时工作制，做五休二，基本不涉及加班和出差
使用工具/设备	打印机、传真机、电脑、电话

第2章 制定岗位职责，让考核有据可循

了解了岗位说明书的内容之后，就要制定岗位说明书了。在制定岗位说明书时要遵循怎样的流程呢？下面，我们就来看一看岗位说明书的具体编写流程（见图2-11）。

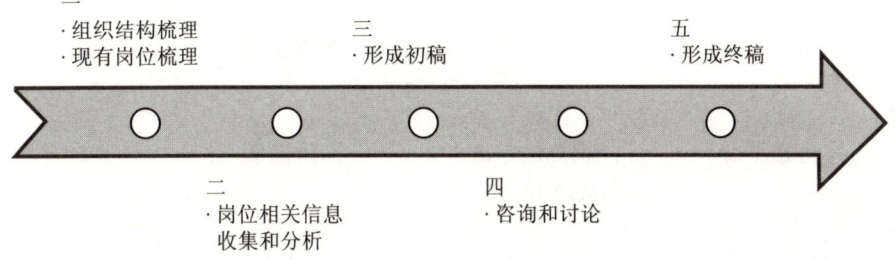

图2-11 岗位说明书编写流程

第一步，梳理公司组织架构和现有岗位，搞清楚现状，并进行有效分析。

第二步，收集岗位相关信息，灵活选用问卷调查法、面谈法、工作日志法、实地观察等方法，进行工作分析和调查，了解每一个岗位的工作任务、工作目标、工作条件、上下级关系、内外部协调关系、任职资格等要素，弄清楚岗位工作的最终职责目的和任职要求。

第三步，形成岗位说明书初稿。

第四步，在公司和部门间展开质询和讨论，对岗位说明书进行调整优化。

第五步，形成终稿。

岗位说明书编写范例见表2-8。

表2-8 岗位说明书编写范例

岗位名称	行政主管	岗位编号	HW—RL—003
所在部门	人力行政部	岗位类别	管理
直接上级	人力行政经理	岗位定员	1
直接下级	行政专员、企业文化专员、总经理秘书	岗位薪级	4
岗位概要：在部门经理的领导下，完成公司领导交办的政务事务、公文草拟、文件、会议组织、企业文化等工作			
工作职责			
执行公司年度行政计划，做好部门预算并控制行政费用			
制定公司福利计划，执行公司各类用品的采购			
负责公司会议纪要、工作总结等重要文字材料及公司领导交办的文字材料的起草			
负责制定行政部工作目标和实施计划，制定、监督执行相关的规章制度和管理流程			
负责固定资产的统一申购、登记、监控与管理			
负责组织公司对外信息的收集、审核、报批、报送、存档及公司外部文件的统一管理			
负责对外接待，与政府行政部门协调			
负责公务车辆的调派使用及车辆维护相关工作			

续表

工作沟通关系	
内部沟通关系	公司各相关部门
外部沟通关系	政府机关、票务公司、印务公司、企业培训、供应商等相关单位
任职要求	
教育水平	统招本科及以上学历
专业	企业管理、行政管理、文秘等相关专业
工作经验	3～5年行政相关工作经验,一年以上行政管理工作经验
业务知识范围	熟悉现代企业管理模式,对行政管理各职能模块有较深入的认识与见解;熟悉相关法律法规、政策;熟悉各种办公软件;精通公文写作;具备财务基础理论知识
文字表达能力	能起草各种工作计划、总结,正确理解相关规定和有关文件精神,能够进行口头及书面工作报告和业务培训
电脑运用能力	具备网络知识,能熟练运用办公软件编辑各类文件、图表
解决问题能力	处事稳重,思考问题细心周全,能很好地处理各类外联事务以及突发事件;具有较强的分析、解决问题能力
协调合作能力	能够按管理范围和权限设置工作目标,正确实施各项制度,调动所辖人员的工作积极性;协调与有关部门的业务衔接

续表

学习能力	善于学习和提高，不断改进知识结构，更新观念，提高管理水平
沟通能力	有一定的亲和力，考虑问题细致，服务意识佳，能较好地协调与其他职能部门之间正常的工作关系和人事关系，对外建立正常的业务联系，加强信息交流和协作
工作条件	
使用工具/设备	计算机、一般办公设备（电话、传真机、打印机）
工作时间	执行国家8小时工作制，极少加班，极少出差
工作场所/环境	本岗位以脑力劳动为主，室内工作
备注	

此外，岗位说明书的制定，要注意三点事项。

（1）岗位说明书针对的是岗位本身，而非任职者；面向职责，而非面向人。

（2）岗位说明书作为选拔、考核、培训员工的基本依据，在一定程度上体现着企业未来发展的高度。因此，当公司组织结构、岗位要求、岗位职责、环境等发生变化时，岗位说明书也需要及时修订，不断补充，使其能适应企业未来发展的需要。

（3）岗位说明书的最终目的是对岗位工作起到规范、指导的作用，因此，需根据公司的具体情况进行制定，文字描述一定要通俗易懂，简要明了，内容要全面具体，避免形式化、书面化，做到不重复、无交叉，以体现岗位价值。

> **管理就是做考核**
> 只有考核到位,管理才会高效

2.6 职位评估,美世法与海氏法

职位评估,又称岗位价值评估或工作评价,是指在岗位分析的基础上,采取一定的方法,对岗位在组织中的影响范围、职责大小、工作强度、工作难度、任职条件、岗位工作条件等特性进行评价,以确定岗位在组织中的相对价值,并据此建立岗位价值序列的过程。

职位评估应该把握下面五个原则(见图2-12)。

1. 对岗不对人原则

在企业中,岗位承担了公司战略目标实现的所有事项,每个岗位的工作职责加起来,就形成了整个公司的运行模式。在这个过程中,每个岗位承担的工作会有差异,其重要程度也存在不同。比如说,在一个互联网企业,销售代表和技术工程师、行政专员承担的职责差别很大,如何衡量他们之间的重要程度?需要针对他们的岗位价值进行评估。因此,岗位价值评估的对象只能是公司中所有的岗位,而不是在某个岗位的具体某一个人。

第2章 制定岗位职责，让考核有据可循

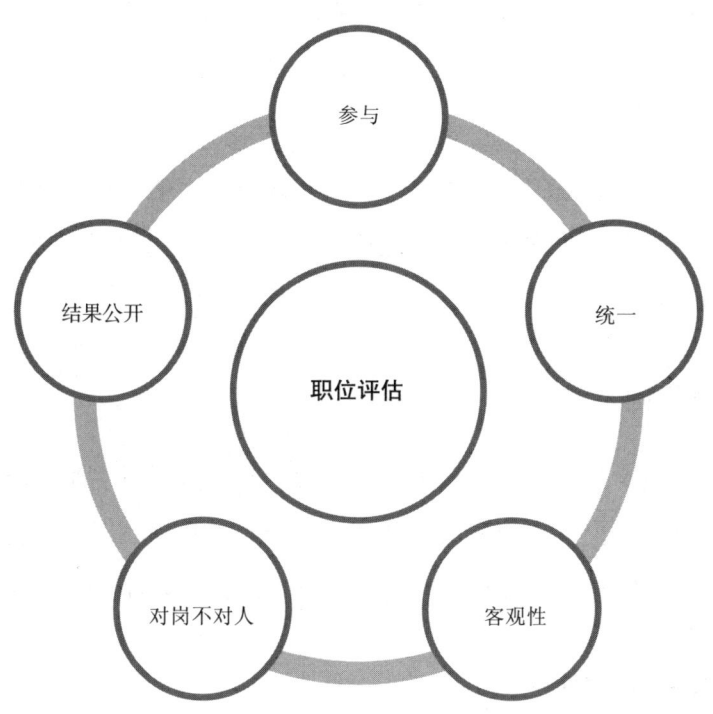

图 2-12 职位评估的原则

2. 客观性原则

职位评估必须从公司实际出发，选择适合公司实际的评估模型、评估方法、评估技术和评估程序。

例如，北京一家房地产中介公司认为公司目前的岗位职责过低，便制定了这样一条薪资制度：每人每月至少要完成三单，否则将不发提成。由于该公司很少有每月三单全部完成的情况，这样一来，几乎没有人拿到提成，员工的工作积极性严重受挫。该公司明显没有从企业实际情况

出发评估岗位价值，只是一味求高，造成的后果可想而知。

3. 统一性原则

在规定的评估范围内，职位评估必须采用统一的评估方法和评估标准，以便提高评估工作效率，保证评估工作的规范化和评估结果的可比性、科学性。

4. 参与性原则

职位评估涉及到员工考核标准的制定、晋升及薪资水平，所以适当地让员工参与到岗位价值评估工作中来，更容易让他们对岗位价值评估的结果产生认同感，也有利于增强岗位价值评估结果的合理性。

5. 结果公开的原则

透明化的岗位价值评估标准、评估程序、评估结果，有利于员工对企业的价值取向及考核制度达成理解和认同，有利于明确自己的工作职责和努力目标，提高绩效的达成率，因此，职位评估应该把握结果公开原则。

职位评估有两个常用的方法：美世法和海氏法。下面分别进行介绍。

职位评估方法1：美世法。

美世法，全称美世职位评估法，它源于美国人力资源咨询管理公司——美世咨询公司。这套职位评估系统包括四个必须因素、一个可选因素（见表2-9）和十个维度（见图2-13）。

第2章 制定岗位职责，让考核有据可循

表 2-9 美世法的四要素

必须因素	可选因素
影响（Impact）、创新（Innovation）、沟通（Communication）、知识（Knowledge）	危险（Risk）

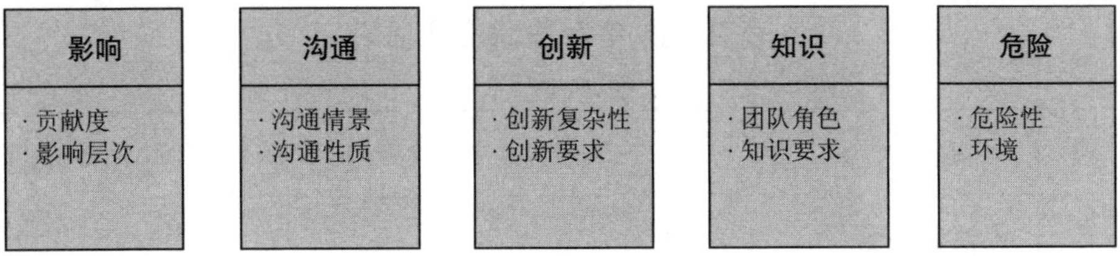

影响
· 贡献度
· 影响层次

沟通
· 沟通情景
· 沟通性质

创新
· 创新复杂性
· 创新要求

知识
· 团队角色
· 知识要求

危险
· 危险性
· 环境

图 2-13 美世法十个维度

影响因素——通过综合考虑对组织的贡献大小及职位所被赋予的影响属性对职位进行评估。

沟通因素——反映的是职位被经常要求的沟通方面的技能，包括组织内部和组织外部的，可以从沟通情景和沟通性质两方面来评估。

创新因素——从职位被期望的创新要求和创新活动的复杂性对职位进行评估。如在产品、流程或服务改进方面，在开发新的概念、方法、技术、服务或产品方面对职位进行评估。

知识因素——与职位为完成工作目标和创造价值所需的知识水平、相关知识应用和服务的团队、区域和文化有关，可以从团队角色和职位对其知识的要求来评价。

危险因素——与职位潜在的精神和身体上的危险性有关,可以从从事该工作的危险程度和该职位所在环境的危险性来评价。这里所说的危险性应该是没法消除的,并且是个人控制力之外的。对于正常的工作条件和风险几率小的职位,可以不考虑这个因素。

美世评估法的评估过程非常简单,只需要为上述因素的每个方面选择适当的程度,然后决定该程度相应的分数,把所有分数加起来便可(见表2-10)。

表2-10 美世法职位评估表

		公司								
		评估委员会								
		职位名称								
			水平	分数	水平	分数	水平	分数	水平	分数
1	组织规模									
	影响层次									
	贡献大小									
2	沟通情景									
	沟通性质									
3	创新复杂性									
	创新要求									

续表

			水平	分数	水平	分数	水平	分数	水平	分数
	公司									
	评估委员会									
	职位名称									
4	团队角色									
	知识要求									
5	危险性									
	环境									
	总分									
	职级									

职位评估方法2：海氏法。

海氏法，全称海氏系统法，是由美国薪酬设计专家爱德华·海于1951年研究开发出来的。海氏评分法着眼于确定不同工作对实现组织目标的相对重要性，特别适用于管理人员的薪酬设定。

海氏三要素评估法是国际上使用最广泛的一种岗位评估方法，它通过三个方面对岗位价值进行评估，并且通过较为正确的分值计算确定岗位的等级。

海氏认为，任何工作职位都存在某种普遍适用性的因素。海氏工作评价系统的实质是一种评分法，是将付酬因素进一步抽象为具有普遍适用性的三大因素，即技能水平、解决问题的能力和风险责任，根据三大因素相应设计了三套标尺性评价量表,最后将所得分值加以综合,算出各个工作职位的相对价值(见表2-11)。

表2-11 海氏工作评价系统付酬因素描述

	付酬因素定义	子因素	子因素释义
付酬因素	要使工作绩效达到可接受水平所必需的专门知识及相应的实际运作技能的总和	专业理论知识	对该职务要求从事子行业领域的理论、实际方法与专门知识的理解。该系统分八个等级,从基本的第一级到权威专门技术的第八级
		管理诀窍	为达到绩效水平而具备的计划、组织、执行、控制、评价的能力与技巧。该子系统分五个等级,从起码的第一级到全面的第五级
		人际技能	该职务需要沟通、协调、激励、培训、关系处理等方面的活动技巧。该子系统分基本的、重要的、关键的三个等级
	在工作中发现问题,分析诊断问题、提出权衡与评价对策,做出决策等能力	思维环境	指环境对职务行使者思维的限制程度。该子因素分八个等级,从几乎一切按既定规则办的第一级(高度常规)到只做了含糊规定的第八级

续表

付酬因素定义		子因素	子因素释义
付酬因素	在工作中发现问题，分析诊断问题、提出权衡与评价对策，做出决策等能力	思维难度	指解决问题时对当事者创造性思维的要求。该子因素分五个等级，从几乎无需动脑只需按规矩办的第一级（重复性的），到完全无先例借鉴的第五级（无先例的）
承担的职务责任	职务行使者的行动对工作最终结果可能造成的影响及承担责任的大小	行动的自由度	指职务行使者能在多大程度上对其工作进行个人性指导与控制。该因素包含九个等级，从自由度最小的第一级（有规定的），到自由度最大的第九级（一般性无指导的）
		职务对后果形成的作用	该因素包括四个等级：第一级是后勤性质作用，即只在提供信息或偶然性服务上出力；第二级是咨询性作用，即出主意与提供建议；第三级是分摊性作用，即与本企业内外其他几个部门和个人合作，共同行动，责任分摊；第四级是主要作用，即由本人承担主要责任
		职务作用	指可能造成的经济性正负后果。该子因素包括四个等级，即最小的，少量的，中级和大量的，每一级都有相应的金额下限，具体数额要视企业的具体情况而定

管理就是做考核

只有考核到位,管理才会高效

海氏评分表中的数值由横纵两轴所表示的评价指标来决定,评分时依据对横纵两轴指标的评价找到对应的分值(见表2-12)。

表2-12 海氏评价法——知识技能评价量表

管理技巧 人际技能 专业理论知识	起码的			相关的			多样的			广博的			全面的		
	基本的	重要的	关键的	基本的	重要的	关键的	基本的	重要的	关键的	基本的	重要的	关键的	基本的	重要的	关键的
基本的	50	57	66	66	76	87	87	100	115	115	132	152	152	175	200
	57	66	76	76	87	100	100	115	132	132	152	175	175	200	230
	66	76	87	87	100	115	115	132	152	152	175	200	200	230	264
初等业务的	66	76	87	87	100	115	115	132	152	152	175	200	200	230	264
	76	87	100	100	115	132	132	152	175	175	200	230	230	264	304
	87	100	115	115	132	152	152	175	200	200	230	264	264	304	350
中等业务的	87	87	100	115	115	132	152	152	175	200	200	230	264	304	350
	100	100	115	132	132	152	175	175	200	230	230	264	304	350	400
	115	115	132	152	152	175	200	200	230	264	264	304	350	400	460
高等业务的	115	132	152	152	175	200	200	230	264	264	304	350	350	400	460
	132	152	175	175	200	230	230	264	304	304	350	400	400	460	528
	152	175	200	200	230	264	264	304	350	350	400	460	460	528	608
基本专门技术	152	175	200	200	230	264	264	304	350	350	400	460	460	528	608
	175	200	230	230	264	304	304	350	400	400	460	528	528	608	700
	200	230	264	264	304	350	350	400	460	460	528	608	608	700	800
熟练专门技术	200	230	264	264	304	350	350	400	460	460	528	608	608	700	800
	230	264	304	304	350	400	400	460	528	528	608	700	700	800	920
	264	304	350	350	400	460	460	528	608	608	700	800	800	920	1056

第2章 制定岗位职责，让考核有据可循

续表

管理技巧 / 人际技能 / 专业理论知识	起码的			相关的			多样的			广博的			全面的		
	基本的	重要的	关键的	基本的	重要的	关键的	基本的	重要的	关键的	基本的	重要的	关键的	基本的	重要的	关键的
精通专门技术	264	304	350	350	400	460	460	528	608	608	700	800	800	920	1056
	304	350	400	400	460	528	528	608	700	700	800	920	920	1056	1216
	350	400	460	460	528	608	608	700	800	800	920	1056	1056	1216	1400
权威专门技术	350	400	460	460	528	608	608	700	800	800	920	1056	1056	1056	1216
	400	460	528	528	608	700	700	800	920	920	1056	1216	1216	1216	1400
	460	528	608	608	700	800	800	920	1056	1056	1216	1400	1400	1400	1500

看到如此一张大气磅礴的表格，你是否有点蒙圈呢？到底该怎样运用该表去评价某个职位呢？其实很简单，你只需把握三个评价要素，分别是"管理技巧"、"人际技能"、"专业理论知识"。

首先，看管理技能——根据各个职位所需要的管理技能，从起码的、相关的、多样的、广博的、全面的等五个级别中选择一个符合的等级，这样就将该职位定位在表格的某个"大列"中。

接着，根据该职位的人际技能，从基本的、重要的、关键的三个级别中去选择一个符合的等级。这样，就再次在该表的"大列"中进一步定位了一个"小列"。

再根据该职位所需的专业理论知识情况，从基本的、重要的、关键的三个级别中选择，最终将该职位所需的知识技能分数定位在三个数字上。

最后，根据专业理论知识的程度（初级、中等、高级）从三个分数

管理就是做考核
只有考核到位，管理才会高效

中（每个专业理论知识都对应三组数据，这反映的是不同级别所对应的数字）选择一个数字，这就是最终的职位知识技能分数。

接下来，我们对某企业打字员（职务A）、技术研发工程师（职务B）和地区销售经理（职务C）进行职位评价。

打字员在管理技巧上只需要第一级，即"起码的"；在沟通能力上，涉及到组织内外各人员协作，因此需要较高的沟通技能，即"关键的"；在专业理论知识成分上只需要第三级，即"中等业务的"。

"中等业务的"专业理论知识，又分为三个级别，分别为初级、中级、高级，最终，我们确定打字员的职位为中级。这样，根据海氏知识技能评价量表（见表2-12），我们就得出打字员的知识技能分数为115。

技术研发工程师对技术要求高，管理成分少，将管理技巧与人际技能分别定位为"起码的"和"基本的"。将专业知识定为第七级，即"精通专门知识"，再在这个级别，将技术研发工程师的专业知识进一步定为中级。根据海氏知识技能评价量表（见表2-12），技术研发工程师的知识技能分数为304。

地区销售经理需要广泛的专门知识及管理技巧，熟练的沟通交往能力，因此，在管理上定为第四级，即"广博的"，在人际技能上定为"关键性的"，在专业知识上定为第六级，即"熟练专门技术"。再进一步将地区销售经理的所需的专业知识定为初级。根据海氏知识技能评价量表（见表2-12），知识技能分数为608。

第3章
设计工作标准，让考核不再凭经验靠感觉

企业再造大师迈克尔·哈默发现：企业中有25%的员工正在以低效的标准和方法工作。为什么会这样？因为没有定好工作标准。标准涉及操作、监督、核验等内容规范。管理就是把控好各个环节，确保流程畅通无阻。定好工作标准，让考核不再像"盲人摸象"般凭经验靠感觉，企业才能健康发展。

> 管理就是做考核
> 只有考核到位，管理才会高效

3.1 工作标准化，管理规范化

标准化是美国汽车制造家和管理学家亨利·福特首创的一种生产管理制度。"造大众买得起的汽车"是福特在20世纪初的生产经营理念。但在当时的美国，汽车是一项划时代的交通工具，每一辆汽车都是用手工精心打造的，是有钱人的专属奢侈品。要想让汽车成为人人消费得起的物品，必须进行生产工艺改进，降低成本。

然而当时的工厂组装技术十分落后，根本无法进行标准化的大批量生产作业。为此，福特也找不到头绪。偶然间，他路过一家屠宰场，看到牛被送进屠宰场后，工人先将牛用电击击晕，然后放血将牛吊起来，用电锯开膛破肚，最后才将各个部位进行分割，整个过程分别由不同的人来完成。看到这些，福特想：如果能将这种流水化的作业方式运用到汽车组装上，会更加高效。

于是，在1913年，世界第一条汽车流水装配线在福特工厂诞生了，这种生产技术的引入，大大提升了汽车装配效率。1914年，福特生产了308162辆车，超过美国299家汽车制造厂生产的总和。福特T型车由此

第3章 设计工作标准，让考核不再凭经验靠感觉

成为"大众买得起的汽车"。

福特标准化生产的基本内容和主要特点在于，把科学管理原理应用于生产。在生产标准化的基础上，利用高速传送装置，使生产过程流水线化，使流水线上各道工序的工人的各种作业在时间上协调起来，并由传送装置的速度决定工人每天所完成的作业和产品数量，最大限度地提高工人的劳动强度。

对企业而言，标准化就是为了使企业的生产经营和管理获得最佳秩序，收到最大效果，对实际或者潜在的问题制定共同和重复使用的规则活动。这里所指的活动，包括建立和实施企业标准体系、员工的工作标准，以及制定标准和贯彻实施各级标准的过程。简单来说，标准化就是针对于一项任务，将目前认为最好的实施方法作为标准，让所有做这些工作的人都执行这个标准并不断完善它，这个过程称之为标准化。

标准化是麦当劳成功的秘诀。为了确保一流的品质，麦当劳制定了一套严格的质量标准和管理制度，从而确保在任何情况下，都可以为顾客提供品质一流的食品。比如，严格要求牛肉原料必须挑选精瘦肉，牛肉由83%的肩肉和17%的上等五花肉精制而成，脂肪含量不得超过19%，绞碎后，一律按规定做成直径为98.5毫米、厚为5.65毫米、重为47.32克的肉饼。无论国内国外，所有分店的食品质量和配料相同，并制定了各种操作规程和细节，如煎汉堡包时必须翻动，切勿抛转等。

为了严抓质量，有些规定甚至达到了苛刻的程度。例如，规定面包不圆、切口不平不能要；奶浆供应商提供的奶浆温度如果超过4℃必须退货；每块牛肉饼从加工一开始就要经过40多道质量检查关，只要有一

管理就是做考核
只有考核到位，管理才会高效

项不符合规定标准，就不能出售给顾客；凡是餐厅的一切原材料，都有严格的保质期和保存期，如生菜从冷藏库送到配料台，只有两个小时保鲜期限，超过这个时间就必须处理掉；为了方便管理，所有的原材料、配料都按照生产日期和保质日期，先后摆放使用。

除此之外，麦当劳还把标准化延用到经营模式上，统一装修，统一标识，统一营销，让其形象、产品和服务深入人心。

工作标准化的意义主要体现在以下几个方面。

作为一种激励手段，工作标准可以确定一天的标准工作量，如果想鼓励员工多完成工作，可根据工作标准确定超额完成的工作量，并给予相应的奖励。

以工作标准为基础，可以建立产品的成本标准，进而确定产品价格，制定未来财务预算，以及决定采用自制还是分包的生产运作战略。

通过工作标准考核，可以比较一个员工在一段时间内的工作成绩，对他工作绩效的好坏做出评判。

做好企业标准化工作，对开发新产品、改善经营管理、调整产品结构、开拓国内外市场等方面能够发挥重要作用。在企业管理中，标准化要求消除各种可变性。如果管理者要求员工按照标准化模式运作，那么员工同样有权利要求管理者按照标准化模式进行管理，久而久之，企业管理会更加规范化、自主化。

第3章 设计工作标准，让考核不再凭经验靠感觉

3.2 制定标准，考核不再是空谈

一个小和尚在寺院担任撞钟一职。半年下来，对于这个机械、重复的工作，他感到非常无聊。于是每天都敷衍了事，得过且过。

有一天，主持告诉他已不能胜任撞钟一职，只能将其调到后院劈柴挑水。

小和尚不服气地问："我撞的钟难道不准时、不响亮？"

老主持告诉他："你撞的钟虽然很准时，也很响亮，但钟声空泛、疲软，没有感召力。钟声要唤醒沉迷的众生，因此，撞出的钟声不仅要洪亮，而且要圆润、浑厚、深沉、悠远。"

以上就是"做一天和尚撞一天钟"的故事，比喻遇事勉强从事，过一天算一天，凑合着混日子。

实际上，在企业中也存在这样的情况，很多员工虽然每天工作8小时，准时上班，准时下班，但因为没有工作标准，上班时刷屏、逛淘宝、聊天的时间可能远大于工作时间。

对于企业而言，缺乏工作标准，就相当于把员工置于"安乐窝"。没

| **管理就是做考核**
| 只有考核到位，管理才会高效

有压力，没有动力，上班只是尽力而为，以和尚撞钟的心态在工作。时间一长必然导致员工自满、懈怠，执行力低下，造成大量的人力和物力资源浪费。对于故事中的小和尚，如果主持能提前公布敲钟标准，让小和尚在进入寺院的当天就明白撞钟的要求，那么他就会由尽力而为变为全力以赴，撞出洪亮、圆润、浑厚、深沉、悠远、有感召力的钟声。

考核最忌讳的就是凭经验靠感觉。那么，怎样考核才更加专业呢？方法是制定适合企业的标准，让企业在考核时有标准可依。

制定标准，应该把握以下几个原则（见图3-1）。

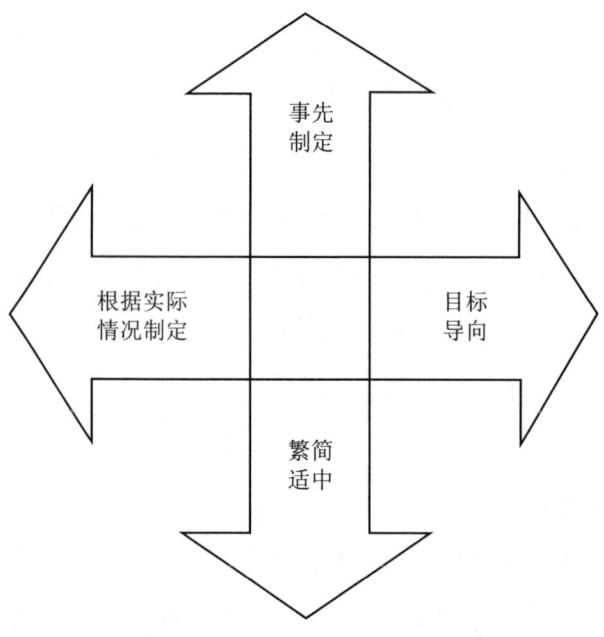

图 3-1 制定标准的原则

第3章 设计工作标准，让考核不再凭经验靠感觉

1. 事先制定

生鲜是零售业最难经营的种类，但永辉超市却做得风生水起，其中一个原因就是永辉超市在生鲜产品的存放上制定了严格的工作标准。

在永辉超市，生鲜产品按品项归类，从大到小同一商品集中存放；销量大与销量小的分开存放；商品不可直接放在地上，需离地10厘米，隔墙5厘米；纸箱商品放在层架上层，筐装商品放在层架的下层；商品存放不可超高，摆放高度应与库顶保持50厘米距离；商品存放要上轻下重，体积重或大件的商品需放在层架下方。

仓库的清洁步骤，永辉超市也制定了严格的标准。

常温库清洁步骤：清扫仓库地面的杂物，用叉车将栈板移开，清理栈板底下的杂物。清理完杂物后，再将商品整理归位，最后将杂物倒在指定的地方。

保鲜库清洁步骤：将保鲜库内栈板上的商品移出保鲜库或移至空的位置，将保鲜库内的栈板翻开并将栈板上的杂物清理干净，将地面清扫干净，将杂物倒在指定的地方，重新铺好栈板，整理完仓库后，再将商品移入保鲜库内。

冷冻库清洁步骤：仓库地面或墙壁有结冰现象时，需及时进行除冰。风扇出风口有灰尘时，应及时用抹布擦干净，使机器正常运转，不影响商品的保鲜。

标准化管理是永辉超市成功的最大原因。顾客进入超市，能够充分感受到这种标准化管理带来的清洁。试想一下，如果永辉超市没有这些标准，整个超市乱糟糟的，顾客进入后感受不到良好的环境，体验不到

| 管理就是做考核
只有考核到位,管理才会高效

购物带来的享受,他们怎么会愿意再来这里呢?

2. 根据企业情况制定

标准不是空架子,而是一种为企业经营管理服务的规范。因此,要结合企业自身情况和内外部环境来制定。

很多公司都擅长制定一些不切实际的标准。比如有一个公司老板制定了这样一个标准:零件生产人员所生产出来的零件,误差只能在±1毫米,否则视为不合格产品,并扣除其当月奖金。老板认为这样的标准可以提高企业零件质量,殊不知,这样的标准在企业当前的生产环境下,根本没有人能做得到。执行下去,只会给生产人员增加负担。

要想建立一个适合企业的标准,管理者除了针对具体问题做分析外,还要结合公司的外部环境做研究,不能把公司标准和外部环境割裂开来。要知道,企业不是一个孤立的个体,人员也不是孤立的,公司随时会受到外部环境的影响。所以,结合外部环境来制定标准是很有必要的。另外,管理者还需要对公司目前的状况进行分析,就像幼儿园、小学、初中等机构有不同的管理标准一样,管理者也应该针对企业所处现状的不同,制定不同的管理标准。

3. 繁简适中,简洁明了

制定标准的目的是为了企业能够以最佳的生产经营秩序进行发展,从而获得最佳的经济效益。想要达到这一目的,就需要这个标准能够切

第3章 设计工作标准，让考核不再凭经验靠感觉

实落到实处。怎样让它落到实处呢？需要这些标准能够抓住问题重点，简要清楚，让员工在执行时，清楚地知道自己的责任。

为了确保肉夹馍口味，西少爷对产品结构和模式进行优化，打造严格质量标准体系。从煮肉要加多少水，放多少调料，到切肉的碎度，面皮的硬度，馍的厚度等，都有一整套计算公式，有精确的线性关系。正是因为标准化管理，西少爷肉夹馍的各项经营指标良好，品牌效应甚至达到肯德基、麦当劳、真功夫等知名餐饮连锁品牌的声誉，开业一年多，销售额就翻了四倍。

正是因为西少爷抓住了标准的重点，并且简单明了地传达下去，才会让西少爷肉夹馍快速发展。反观你自己的企业，所指定的标准是否明确地表达出来，是否抓住了要点？如果没有，那就应该好好反思一下了。标准都是有程度的，所谓标准的程度，就是对其对象应规定到如何的程度。

在制定标准时，工序有很多，不必规定被遵守的标准也被规定了，所以，很有可能引起员工对标准的不关心。最好的标准是标准的数量少，内容简洁，管理标准的工序不多。

4. 目标导向

标准化的目的是为了让企业获得最佳效益，可是很多管理者发现企业在实施标准化后并没有为企业带来任何好处，这是为什么呢？这就要看一看你所制定的标准是否具有目的性。如果没有目的性，就好比一辆在轨道上永远行驶的火车一样，找不到站点，最终导致资源耗

管理就是做考核

只有考核到位，管理才会高效

费殆尽而亡。

恒大集团是一家以民生地产业为主，集商业、酒店、体育、金融、健康及文化产业为一体的大型企业集团。纵观恒大地产近18年的发展历程，可以看出其战略意图非常清晰明确：以标准化模式深度耕耘二三线大盘项目。

任何一家具有战略眼光的企业都会抢先寻找"蓝海市场"作为发展和深度耕耘的淘金地。在竞争激烈的房地产行业中，大部分房地产企业都选择一线城市作为主战场，而相对次要的二三线城市和周边地区，却没有被房地产巨头们过多关注。正是因为在战略地位上的延迟性，才让这些区域在一定时期内成为了"蓝海市场"。恒大地产正是看到了这一点，将其发展的重心首先放到了竞争相对平缓、土地成本相对低廉的二三线城市，2004年开始全面进军二线城市，2010年开始布局三四线房地产市场。

恒大地产得以生存和盈利的重要原因之一是标准化的运作模式。恒大地产的标准化运作体现在六个方面：土地选择标准化、价值量整合标准化、采购标准化、工程管理标准化、品牌合作标准化、营销标准化。

通过标准化的运作模式，恒大集团对内提高流程效率，节约成本投入；对外积极拓展外围市场，取得了令人瞩目的收益。截止到2012年底，恒大集团共有土地储备9600万平方米，销售额超过1000亿元，成为和万科齐名的千亿级企业。

目标是一个企业发展的动力，而标准就是为了目标而产生的。如果没有目标，那么，所制定的标准就不会达到最佳的实际效果。因此，企

第3章 设计工作标准,让考核不再凭经验靠感觉

业在制定标准时不要忘记提出企业目标。这样,在执行标准时,员工会更有动力,能复制出一个又一个好的工作结果。

| 管理就是做考核
只有考核到位，管理才会高效

3.3 沟通标准，改进考核的方向盘

标准执行的结果往往和员工的绩效考核、薪资调整、职务晋升挂钩，因此，有必要在标准制定后和员工进行沟通，以便发现问题，明确聚焦的期望。

如果管理者闭门造车，臆断市场行情，凭空设定销售员工作标准，很可能会出现企业产品市场占有率下降，甚至导致企业产品在市场遭受灭顶之灾。所以，只有通过沟通，才能使设定的标准更加适合企业目标，并与员工个人期望达成一致，得到共同认可。

小王是一家零售公司的总经理。最近，她发现公司员工有些消极怠工，于是直接下发了一条标准：凡是当月达不到业绩规定要求的员工，一律扣除奖金。这条规定实行没多久，问题就出现了。员工们为了得到高额奖励，都很焦虑，开始变得急功近利。业务员们开始骗经销商进货打款，导致客户不愿意与公司合作；采购员们忽略质量低价进货，导致产品出现质量问题；部分员工为了业绩开始抢客户，导致公司的团队合作精神也有所下降；而那些不能实现业绩要求的员工，则直接走人了。

第3章 设计工作标准，让考核不再凭经验靠感觉

这个故事中的总经理在制定标准后，并没有与员工沟通，所以也未发现标准存在的问题，导致标准实行后的结果和制定的初衷背道而驰。

沟通标准，要注意下面几点。

1. 准确、清晰、简洁

有一个秀才去集市上买柴，他对卖柴的人说："荷薪者过来！"

"荷薪者"是什么意思，卖柴的人听不懂，但他听得懂"过来"，于是，他把柴担到秀才前面。

秀才问："其价如何？"

卖柴的人还是不太懂其中意思，但他听得懂"价"这个字，于是他把柴的价钱告诉了秀才。

秀才说："外实而内虚，烟多而焰少，请损之。"意思是：你这木柴外表是干的，里头是湿的，燃烧起来会冒很多浓烟，火焰不大，请打折吧！

卖柴的人听不懂秀才说什么，把柴挑走了。

在这个故事中，秀才没有很好地把握沟通的艺术，因为过分修饰反而没有达到想要的目的。

沟通的过程就是对标准的理解和传达的过程，因此，表述准确、清晰、简洁是进行有效沟通的前提，而对标准的正确理解有助于有效沟通的实施。在沟通过程中，决策者要使执行者准确无误地理解标准制定的起因和结果，以此对标准达成共识，避免因为对标准的曲解而造成执行失误。

> **管理就是做考核**
> 只有考核到位，管理才会高效

2. 明确沟通对象

在沟通的时候，一定要明确沟通对象的知识文化水平，了解其理解能力。切勿像秀才与卖柴者那样沟通。面对卖柴者这类文化素质不高的人，沟通时应该用通俗易懂的话去表达。这样不仅能达到沟通目的，还显得你接地气、不高傲、有亲和力。

3. 缩短沟通信息传递链

信息在传递过程中，所经过的中转次数越多，信息传播就越容易失真。要想避免信息传递失真，最好的办法是一对一、面对面地沟通。有时候做不到一对一、面对面沟通，我们可以退而求其次，采取一对一的沟通方式，比如电话沟通、聊天工具沟通（QQ、微信）。若还做不到一对一沟通，应该尽可能减少信息中转次数。

第3章 设计工作标准，让考核不再凭经验靠感觉

3.4 修正标准，考核也要与时俱进

我国经济正处于一个快速发展时期，各行各业发展也日新月异。因此，企业的标准化体系不能一成不变，必须不断修正，不断完善，让其随着企业的发展与时俱进。

修正标准，从以下几个方面入手（见图3-2）。

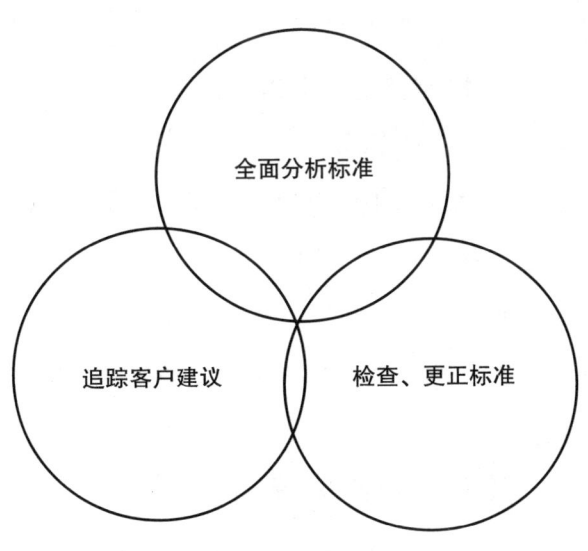

图 3-2 修正标准的几个方面

管理就是做考核
只有考核到位，管理才会高效

1. 全面分析标准

好的标准能够应对市场变革之道；有明确的评价、判断标准；充分体现员工意愿。

首先，制定的标准要符合市场发展趋势，能够应对企业即将到来的变革。例如，随着智能手机的普及，网上购物越来越普遍。对于电子商务来说，标准的制定应该倾向于符合无线端客户的需求。

要想让标准适应未来的变革，需要制定者提前了解企业的发展形势、市场变化规律，对可能会发生的突发事件做到心中有数。这样，一旦发生突发事件也可以给出相应的应对措施，不会造成严重后果。

其次，标准要有明确的评价。

企业的标准，顾名思义就是衡量企业工作进程、工作质量、员工工作状态的基准和原则。最明显的特点是要有明确的评价、判断标准。比如差错率超过多少，应该受到什么样的惩罚；客户投诉多，应该如何处理。只有这样，员工才能自觉遵守标准，让标准达到预期效果。

再次，充分体现员工的意愿。

好的企业标准要体现员工的意愿，体现对员工价值的承认和尊重，以使员工自觉遵守、执行。比如摩托罗拉公司每个季度都要与员工交流诸如"工作是否如你所愿""能力与岗位是否匹配""还需要公司为你做什么"等问题。通过真诚地交流，了解员工的想法和需求，再结合具体的情况，设法满足员工的需求，让员工感受到企业对自己的尊重，这样做对激发员工的归属感和积极性极为有益。

第3章 设计工作标准，让考核不再凭经验靠感觉

因此，标准的制定要体现出公平和效率原则，使员工在工作上有成就感，存在个人发展的可能性，合理设计职业生涯，有利于个人价值的实现。

2. 追踪客户建议，完善标准

以客户为导向，了解客户需求，追踪客户建议，是完善标准的好方法。

小米能在短短几年内，打破苹果、三星、华为等国际国内品牌对国内智能手机市场的垄断，和对标准的不断修正、提升关系重大。小米路由器3的推出印证了这一观点。通过市场调查，小米得知客户对传统路由器的最大抱怨在于：界面复杂，SSID、DNS、MAC地址绑定等专业术语让用户迷惑不解，设置起来非常繁琐，一般需要七八个步骤，体验较差。基于这些抱怨，小米赋予了路由器全新的标准：

简单、安全、易用、速度快，只需要三步就可以完成设置，一键认证免密码连接WiFi；128M的超大Flash，相当于一般路由器的8倍，可以和126台上网设备连接，更多功能插件有效减少路由器重启次数。

正是因为这些人性化的举动，为小米带来用户、销量、营收的不断增长。

追踪客户建议，我们可以采用调研、访谈方式，通过了解客户需求，抓住他们的痛点，不断完善标准。

3. 检查标准，及时更正

企业的规章制度、条例条文等标准，都是根据当时的客观事实制定

管理就是做考核
只有考核到位，管理才会高效

的，比如企业发展状况、市场状况、客户需求，以及竞争对手的变化等。当这些客观事实发生改变时，企业标准也要随之而变。否则，就无法适应实际需求，无法起到约束和衡量作用，甚至会起到反作用。

作为企业管理者，在制定政策、策略时必须做到因地制宜、因人而异，当实际情况发生变化时，也要做出相应的调整。

代表标准化生产的汽车流水装配线为福特带来了巨大的经济利益。然而，在汽车销售市场出现转变后，福特并没有及时调整标准，还是一味坚持单纯化、标准化、大量生产的理念。因为不能制造出迎合顾客口味的新车型，使得福特汽车业务低迷，差点儿遭遇破产。

福特汽车过山车般地发展经历，给管理者敲响了警钟。生产标准化、服务标准化固然是可敬的竞争力，但是，如果管理者思想僵化，不能顺应市场调整标准，标准只会成为禁锢企业发展的牢笼。

现实总是不断变化的，新问题和新事物层出不穷。作为企业管理者一定要具备与时俱进的精神，要根据实际情况，随着内外部环境改变，及时调整思维模式，修正与完善标准。

第3章 设计工作标准，让考核不再凭经验靠感觉

3.5 落实标准，防止标准执行"两张皮"

制定标准是为了服务于企业，让企业达成一个又一个完美的结果。如果不能执行，那么标准就形同虚设，没有丝毫的意义。因此，想要企业走上标准化的道路，就一定要将标准落实到实践中。

山西太原火车站附近曾发生过一起汽车爆炸事件，造成一死一伤的悲剧。这起事故发生在一家汽车维修铺内。起因是一位维修工在修理汽车时，不按标准流程做，而是违规操作，导致油箱爆炸。

据知情人士透露，这名维修工在给这辆汽车焊接油箱时，没有对油箱进行抽气，就迫不及待地进行焊接，结果引起了爆炸。正确的操作流程应该是：

第一步，放干油箱内的汽油；

第二步，对油箱进行抽气，让汽油全部挥发；

第三步，对油箱进行焊接。

在很多企业里，员工在执行任务时，没有做到按标准流程执行，导致执行效果大打折扣，最后影响企业的整体效益。因此，切勿把标准挂在嘴

上，写在纸上，而不是落实到行动上。否则，企业只能在激烈的市场竞争中被淘汰。

落实标准，以下几条是关键（见图3-3）。

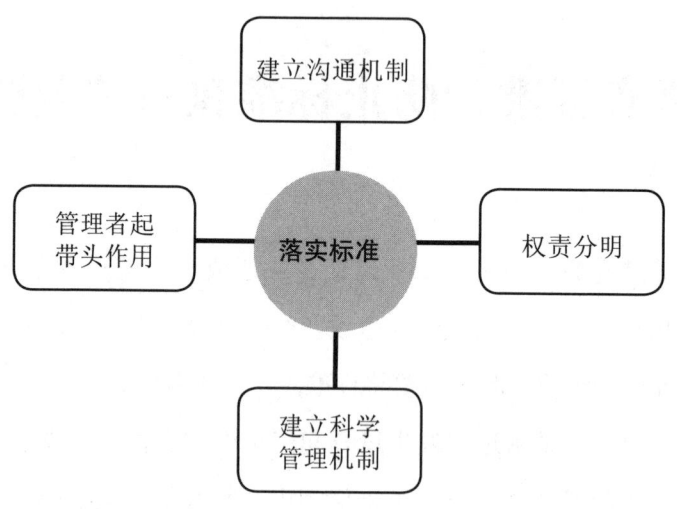

图 3-3 落实标准的关键

1. 建立沟通机制

有一家广告公司，每一次标准的执行，都能迅速有力，保质保量。原因在于其建立了一套有效的沟通机制，每个员工只要有想法，就会通过这种沟通渠道与上级沟通，使信息得到有效传递和反馈，从而避免出现问题和失误。

这家公司总经理及各部门负责人，都会将自己的办公室电话公开。公司制度规定：任何人任何时候有想法，都可以拨打相关领导的电话，实现

第3章 设计工作标准，让考核不再凭经验靠感觉

一对一的沟通。如果员工愿意，也可以直接去办公室找相关领导沟通。

此外，公司还设置了"公司邮箱""实物谏言箱"。员工有想表达的想法，有不错的创意，都可以写信给总经理。邮箱由总经理秘书负责检查，秘书会及时将收集到的信息传达到总经理那里。

2. 管理者要起到带头作用

有一家小型餐饮企业，每次下发规章制度，老板都会第一个带头遵守，严格按照制度办事。在老板的带动下，员工也开始自觉遵守标准，很快这家小型企业就发展成为行业中的领军企业。

落实标准，往往取决于公司高层领导人的态度与力度，领导的时间在哪里，重点就肯定在哪里。所以说，员工的执行力等于管理者的领导力。另外，中层管理者既是执行者，又是领导者。他们的作用发挥得好，就是高层联系基层的一座桥梁；发挥得不好，就是横在高层与基层之间的一堵墙。因此，要选有责任、有德行、有创新、重落实的人担任管理者。

3. 建立科学管理机制

有一家小有名气的手机生产公司，虽然管理者励精图治，不断提升产品标准，但是却一直在原地踏步。原因在于老板在制定标准时，只是站在企业角度，却没有想到如何让员工落实标准。没有一套相对应的管理机制，只是让高标准停留在纸面，犹如镜中花，水中月，发挥不了实际作用。

管理就是做考核
只有考核到位，管理才会高效

要想改变这家企业的当前问题，可以从以下几点去努力。

（1）重建执行标准——选出员工代表，与之商讨标准的建立，确保建立的标准符合企业发展战略，同时又能落到实地。

（2）重设激励的策略——针对标准的落实，企业应设置相应的激励措施。比如各岗位的员工，只要按照标准去完成工作，会得到什么奖励？按照标准去执行，加上个人充分发挥了聪明才智，超额完成了工作，又会得到什么奖励？不按标准执行，导致工作出了问题，会受到什么处罚？如果对这些情况做出清晰的规定，自然可以保证执行落实到位。

4.权责分明，将责任落实到每个人

企业中经常会出现因为相互扯皮，相互推卸责任而导致标准无法落实的现象。这是为什么？是因为管理制度的缺失，还是由于权责的不分明？

某家企业因为产品延期交货，导致客户取消订单，损失惨重。总经理召集各部门负责人开会，寻找原因。

各部门负责人到齐后，配送部经理首先发话："这件事不能怪我们。本来我们要按照合同日期送货的，但是新产品迟迟不能生产出来，导致我们有力无处使啊。"

听到配送部经理的解释，总经理觉得有道理，于是就问生产部负责人。生产部经理说："这件事也不能怪我们，本来我们要按期生产的，但采购部一直无法提供原材料，我们也是巧妇难为无米之炊，没有原材料，我们也没有办法。"

总经理觉得生产部经理讲得也有道理，于是，他又问采购部负责人。

第3章 设计工作标准，让考核不再凭经验靠感觉

采购部经理说："这得问财务部，去年原材料价格上涨，公司的管理成本增加了20%，财务部要我们缩减成本，把采购经费砍掉了，没有资金我们也很难从供应商那里订货。"

总经理又问财务部负责人。财务部经理说："现在外面的竞争越来越激烈，企业的利润水平逐年下降，要想获利，我们只能通过降低成本来提高竞争优势。压缩采购费用，我当时征询过您的意见，您不是也同意了吗？"

总经理挠了挠头，好像记得有这么一回事。

这件荒唐的事件之所以发生，原因就是责任界定不够清楚，导致各个部门相互推诿，责任被稀释。"千斤重担众人挑，人人头上有结果"，只有清晰界定每个人的职责，用"我""你""他"代替"我们""你们"和"他们"，才能保证把责任百分百地传递给员工，将责任落实到每个人头上，实现想要的结果。

管理就是做考核
只有考核到位,管理才会高效

3.6 监督标准执行,坚决要到位

想要标准落到实处,除了员工积极地工作和执行之外,同时还需要公司专门人员或相关部门进行有效监督。只有严格监督才能保质保量地执行。

一家从事服装制造的公司,业务一直上不去,原因在于流程执行不力。从产品设计到样品制作,再到工业化样衣制作——裁剪、缝制、整烫、检验,直到成品出货,由于没有专人监控,每个流程都会出现各种差错,最终导致交货时间一再被耽误,引发了客户投诉、取消订单、要求赔偿等严重后果。

为了保证产品生产不再出现差错,公司在各个生产环节上安排专人,负责监督各自环节内的工作执行质量。同时,企业出台了一系列绩效考核制度,对每个岗位上的员工的工作完成率和完成质量进行考核,并根据考核结果来支付薪酬。

通过这些举措,员工意识到干得好、干得多就能获得更多薪酬,积极性和责任心得到了很好的提高。加上有专人负责监督,整个企业内部

第3章 设计工作标准,让考核不再凭经验靠感觉

形成了有人监督必须做好,否则通不过检查,所完成的工作量不能纳入到绩效考核中,薪酬上不去这样一个良性运转机制。

通过这个案例,我们可以发现:不是员工懒惰,也不是员工无能,而是员工缺少了监督自觉意识大减,缺少了绩效考核积极性大降。最后,形成了这样一种认识:反正干多干少都一样,干得好干得不好也一样,混日子吧!因此,企业不能缺少监督标准,只有监督标准积极配合绩效考核,员工的执行力才能得到保证。

在监督标准的执行上,以下几条是重点(见图3-4)。

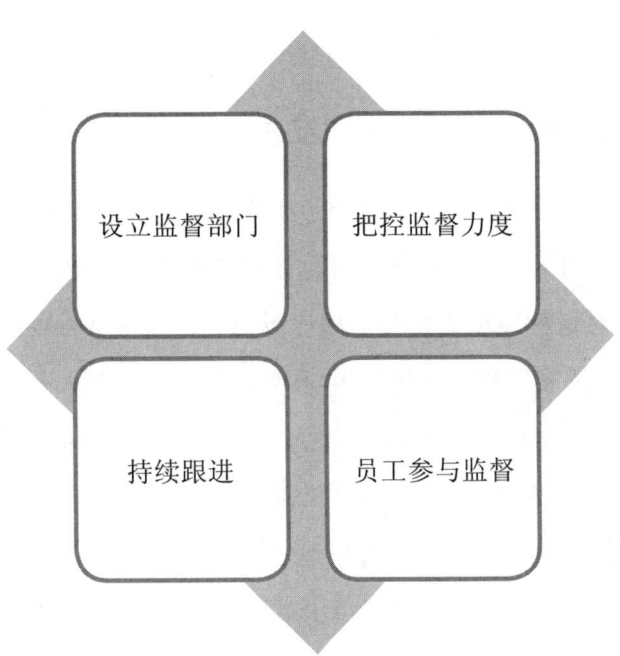

图3-4 监督标准执行重点

管理就是做考核
只有考核到位，管理才会高效

1. 设立监督部门，进行不定期检查

有一家外资企业，曾是行业中的佼佼者，但是，却在短短几年内就消失了。原因是老板在企业发展起来后疏于管理，也没有设立专门的监督部门，使得员工上班时打游戏、嗑瓜子；跑业务时逛商场、瞎溜达，更有甚者什么也不干。久而久之，人心涣散，业务下降，企业很快便消失了。

宽松的管理方式自然容易被员工接受，但也会在一定程度上弱化执行的力度。企业不妨设立专门的监督部门，进行不定期检查，确保标准执行的力度。

2. 把控监督力度，避免激起员工反感

有一家净化器厂，为了监督员工工作，让所有员工天天写日报，周周写周报，月月写月报。除此之外，还通过摄像头、电话、巡逻等方式查岗。员工对这种过度监督行为极度反感，没过多久，纷纷离职走人。企业也因此陷入了工作没人做的困境。

很多企业管理者喜欢事无巨细地检查员工执行标准的力度，殊不知，这种做法不但起不到效果，反而会激起员工反感，甚至引发过激行为。监督必须把控力度，且要合理有序地进行。比如可以在每个月对工作人员的工作进行抽查。这样做可以震慑员工，让员工在内心时刻提醒自己：监察人员随时都会抽查自己，自觉养成积极完成任务、执行标准的好习惯，提高标准的执行力。

3. 持续跟进，并做出有效反馈和沟通

许多企业管理者往往以为制定了标准，员工就一定会遵守。实际上，如果不能持续监督，员工反而更容易滋生惰性，养成临时抱佛脚的工作态度，让标准执行不能取得预期效果。

一家零售企业的总经理对他的助理交代了一项差事，做一份重要客户回访单并且加以分析，随后上交。在这个期间，该总经理因为业务原因出差了。他的助理也没有将做回访单的工作放在心上。直到总经理快回来了，助理才仓促做了一份回访单。总经理看到这份错误百出的回访单大发雷霆……

管理者一定要重视监督，对下属交代任务之后，要注重后续工作，并且要求员工做出反馈和沟通。如果不养成这种习惯，那么管理者就不能清楚地知道员工是否明白或者完成了自己交代的任务。

4. 员工参与监督，形成全体员工监督之风

IBM前总裁郭士纳说："员工不会做你希望他做的事情，只会做你监督和检查的事情。"这句话道出了管理的精髓。鼓励员工参与监督，一旦发现问题及时汇报，不仅能避免拖延造成的严重后果，还可以调动全体员工的工作积极性，保证企业有高效的执行力。

某餐饮企业十分重视监督权，设有专门的监督机构，同时规定每一个员工都有监督权。从食材采购、食材制作到就餐环境，员工可以随时反映发现的问题，直接参与食品安全和质量监督。久而久之，这家企业因为安全、健康、清洁的就餐环境而名声远扬。

第4章
设定考核目标,让绩效导向结果

考核目标的设定是指导下属开展工作的基础。目标设定得合理可行会指引考核往一个良性方向发展,会为绩效考核打下坚实的基础。有了目标,绩效考核才会有方向,才会有好的结果。

| 管理就是做考核
| 只有考核到位,管理才会高效

4.1 "圈"定目标,"圈"出绩效

不管做什么事情,找准目标很重要。企业考核中,清晰、明确的目标能让全体成员清楚下一步努力的方向,能对全体成员产生引导和激励作用,使绩效导向结果。

心理学家曾经做过这样一个实验:组织三队人,让他们分别向 10 千米以外的三个村子进发。

第一队人既不知道村庄的名字,也不知道路程的远近,心理学家只告诉他们跟着向导走就行了。刚走出两三千米,就有人叫苦、抱怨;走到一半路程的时候,有人跺脚、挥拳,大声地抱怨:"为什么要走这么远,何时才能走到头?"因为觉得目标遥遥无期,越往后走,他们的情绪越低落,有的人坐在路边不愿意走了,有的人甚至离队返回了。

第二队人知道村庄的名字和路程的远近,但因为路边没有指示牌,无法确切估计行程的时间和距离。走到一半路程的时候,大多数人想知道走了多远,比较有经验的人说:"大概走了一半的路程。"于是,大家又打起精神,簇拥着继续往前走。当走到全程 3/4 的时候,大家情绪开

第4章 设定考核目标，让绩效导向结果

始低落，觉得疲惫不堪，而路程似乎还很长。这时候，有人说："快到了！快到了！"大家顿时感觉像打了鸡血，又振作起来，迈开步伐向目标前进。

第三队人不仅知道村子的名字、路程，而且每走1千米公路旁都有一块指示牌。人们边走边看指示牌，每走1千米便觉得离目标更近一步，虽然身体疲惫，但情绪却一路高涨，大家在欢声笑语中到达了目的地。

心理学家得出了这样的结论：当人们的行动有了明确目标的时候，并能把行动与目标不断地加以对照，进而清楚地知道自己的行进速度与目标之间的距离，人们行动的动机就会得到维持和加强，就会自觉地克服一切困难，努力到达目标。

企业考核也是这个道理，不管工作进行到哪一个阶段，也不管在实现目标的进程中遇到了什么困难，只有"圈定"明确、具体的考核目标，才能保证团队成员都能及时调整自己的工作任务、努力程度和心态，团结一心始终朝着既定的目标前进。

> 管理就是做考核
> 只有考核到位，管理才会高效

4.2 把使命和任务转化为目标

美国管理大师彼得·德鲁克于1954年在其名著《管理实践》中最先提出了"目标管理"的概念。其后他又提出"目标管理和自我控制"的主张。德鲁克认为，并不是有了工作才有目标，相反，有了目标才能确定每个人的工作。所以"企业的使命和任务，必须转化为目标"。如果一个领域没有目标，这个领域的工作必然被忽视。因此管理者应该通过目标对下级进行管理。当最高层管理者确定了组织目标后，必须对其进行有效分解，转变成各个部门以及每个人的分目标，管理者根据分目标的完成情况对下级进行考核、评价和奖惩。

目标管理概念提出以后，便在美国迅速流传。当时正是第二次世界大战后西方经济由恢复转向迅速发展的时期，企业急需采用新的管理方法调动员工积极性以提高竞争能力。目标管理的出现可谓应运而生，遂被广泛应用，并很快被日本、西欧国家的企业仿效，在世界管理界大行其道。

德鲁克目标管理的精髓有以下几条。

（1）企业的目的和任务必须转化为目标。目标的实现者同时也是目

第4章 设定考核目标，让绩效导向结果

标的制定者。他们必须一起确定企业的航标，即总目标，然后对总目标进行分解，使目标流程分明。

（2）在总目标的指导下，各级职能部门制定自己的分目标。

（3）为了实现各层目标必须权力下放，培养一线职员的主人翁意识，唤起他们的创造性、积极性、主动性。

（4）绝对的自由必须有一个绳索——强调成果第一，否则总目标只是一种形式，而没有实质内容。

企业管理人员必须通过目标对下级进行领导，以此来保证企业总目标流程分明。如果没有方向一致的分目标来指导每个人的工作，当企业规模越大，人员越多时，发生冲突和浪费的可能性就越大。只有每个管理人员和员工都完成了自己的分目标，整个企业的总目标才有完成的希望。企业管理人员对下级进行考核和奖励也要依据这些分目标。

在实践中，造成考核目标行不通的原因主要有以下两条。

第一，考核目标过高，造成员工情绪焦虑。

合理的考核目标，有助于激励员工，促使员工持续进步；但过高的考核目标，只会成为员工难以承受的压力，造成员工情绪焦虑或工作状态低迷。

一家业绩高速成长的公司，年销售额增长率达到50%。为了紧紧抓住市场机会，向行业龙头地位冲刺，公司给销售部门下达了很高的考核指标，并规定完不成者予以辞退。

刚开始，大家还能以平常心积极工作，但过了一段时间后，大家发现离目标也还很远，于是人人都变得焦虑起来，问题也层出不穷。比如

管理就是做考核
只有考核到位，管理才会高效

为了业绩抢客户，只管卖不管服务，收钱后对客户要求置之不理等，导致公司声誉受损。

某家居企业为员工制定了过高的考核目标。刚开始，员工还积极努力，但一段时间后，大家发现在现有的市场状态和公司所能达到的最大生产规模下，这个目标也根本就实现不了的。于是，人人消极怠工。

考核目标应该是蹦一蹦就够得着的目标。过高的目标，往往会使一些员工不顾道德和公司制度的约束，做出出格的事情来；过低的目标，又容易滋生懒惰，起不到应有的作用。因此，制定目标必须要恰当，要让员工感觉到虽然实现有难度，但通过努力一定能够实现。

第二，不注重职位差异，引起部分员工不满。

考核讲究公平，对大家一视同仁。如果不分清楚部门、职位间的差别，都按照一个目标来考核，显然不能满足这种差异性，这样一来就容易产生矛盾。

一家食品公司来了一位新经理。为了扩大公司营收，他制定了这样一个考核方案：销售部每个人都要达到年销售额增长率20%的目标。这样一来问题就出现了，销售助理认为自己这个岗位是属于后勤支持类的，这个考核目标和他没关系；新入职的业务员认为自己刚来，业务还没熟悉，又缺乏经验，这个考核目标过高；销售主管认为这个考核目标过低，不足以开发下属潜能，激发其积极性。

考核目标必须针对不同群体间的差别来制定，如对不同部门、不同职位制定不同的考核目标，而且尽量将目标具体化、细化，使考核内容更加明晰，受到员工认可，这样员工才会心甘情愿地执行。

第4章 设定考核目标，让绩效导向结果

4.3 目标设定，SMART原则的应用实践

在目标的设定中，有一个很有名的SMART原则（见图4-1），它是由管理大师彼得·德鲁克首先提出来的。

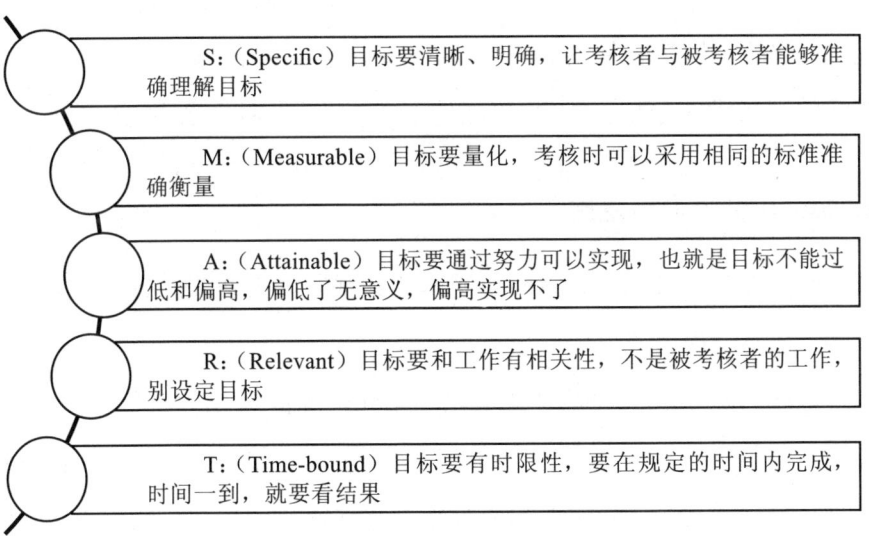

图4-1 SMART原则

管理就是做考核
只有考核到位，管理才会高效

1.Specific（明确性）

所谓明确性就是用具体的语言清楚地说明要达成的行为目标。杜绝目标设定得模棱两可，或没有将目标有效地传达给相关成员。

例如，目标——提升客户服务质量。这种对目标的描述就很不明确，因为提升客户服务质量有许多具体做法，如提高客户好评率，把好评率从3%提高到5%或8%。或者降低客户投诉，过去客户投诉率是5%，现在把它减低到3%或者1%。另外提升服务的速度，使用规范礼貌的用语，采用规范的服务流程，提供清洁的环境等也是提升客户服务质量的方法。

提升客户服务质量的做法有很多，如果我们不能明确到底指哪一条，就没有办法对考核结果进行评判、衡量。对于上述例子中的表述，我们可以这样修改，如要求在月底前把前台收银的速度提升至正常的标准（这个正常的标准可能是两分钟，也可能是一分钟，或分时段来确定标准）。

2.Measurable（衡量性）

衡量性是指目标应该有一组明确的数据，作为衡量是否达成目标的依据，而不是模糊的。

目标的衡量标准遵循"能量化的量化，不能量化的质化"的原则。使制定人与考核人有一个统一的、标准的、清晰的可度量的标尺，杜绝在目标设置中使用形容词等概念模糊，无法衡量的描述。比如"进一步提升产品质量、制定完美制度、及时传达信息"等，这里的进一步、完

第4章 设定考核目标，让绩效导向结果

美、及时都是既不明确也不容易衡量的概念，到底是多少？到底指什么？程度轻重怎样？都没有办法衡量和评判。

考核中，如果制定的目标没有办法衡量，就无法判断这个目标是否能实现。比如领导有一天问"这个目标离实现大概有多远？"团队成员的回答可能是"不远了"，或者"还差一点"。因为没有提供给下属一个定量的可以衡量的分析数据，他们只能对工作进度进行模棱两可的描述，造成的结果多半是目标实现延误。

例如，对前台的工作目标进行量化，可规定如下：接听速度"三声起接"。即一个电话打进来，响到第三下的时候，就要接起来。不可以让它再响下去，以免打电话的人等得太久。再如，对员工培训达到的目标规定如下：在本次培训结束后，学员的评分在85分以上就是所期待的结果，低于85分就认为效果不理想；对打字员的考核目标规定如下：打字速度在每分钟60个字以上，错误率不超过1%。

企业考核目标应尽可能量化，可根据量化的程度选择数量、质量、时间、成本等作为衡量绩效的指标。

3.Attainable（可实现性）

目标的制定要能够被执行人所接受，如果管理者利用行政手段，利用权力的影响力一厢情愿地把自己所制定的目标强加给下属，下属的反应是：我可以接受，但是否能完成这个目标，最终有没有把握，可不好说。一旦有一天这个目标真的完成不了，下属就有理由推卸责任：我早就说了，这个目标是否能完成尚不明确，但你坚持要给我。

管理就是做考核
只有考核到位，管理才会高效

有这样一个故事。

1952 年 7 月 4 日清晨，费罗伦丝·查德威克——一个 43 岁的女人从太平洋游向加州海岸。

那天早晨，雾很大，能见度极低，她几乎看不到护送她的船，更别说远处的海岸线了。

时间一个小时又一个小时地过去，费罗伦丝·查德威克又累又困，全身冻得发麻，她知道自己不能再游了，叫人拉她上船。她的母亲和教练在另一条船上，一直鼓励她，告诉她海岸很近了，叫她不要放弃。但她朝加州海岸望去，除了浓雾什么也没看不到……

其实，人们拉她上船的地点，离加州海岸只有半英里。后来费罗伦丝·查德威克说，令她半途而废的不是疲劳，也不是寒冷，而是在浓雾中看不到目标。

实际上，制定目标是一回事，完成目标又是另外一回事。制定目标是明确做什么，完成目标是明确如何做。很多管理者在制定目标的时候，经常会犯一个错误，即认为目标定得越高越好，他们认为即便目标定高了，员工只完成了 80% 也能超出自己的预期。事实上，这种想法是有问题的，目标只有看得见，够得着，才能成为一个有效的目标，才会形成动力，帮助人们获得自己想要的结果。与其用一个高目标给员工压力，不如在设置目标时坚持让员工参与、上下左右沟通，使拟定的工作目标在组织及个人之间达成一致，有挑战性，也有可实现性。

第4章 设定考核目标，让绩效导向结果

4.Relevant（实际性）

目标的实际性是指在现实条件下是否可行、可操作。实践中，管理者容易犯两种错误：一是领导者乐观地估计了当前形势，低估了达成目标所需要的条件，如人力资源、硬件条件、技术条件、系统信息条件、资金条件、团队环境因素等，以至于下达了一个高于实际能力的指标；二是管理者可能花了大量的物力、人力、财力，最后确定的目标对企业根本没有实际意义，甚至连投入都收不回来。

比如，一家餐厅经理给员工设定了这样的目标：早餐时段的销售在上月早餐销售额的基础上提升15%。核算下来，这个数字可能是一个几千块钱的概念，如果再换算成利润，更是低得可怜，但是，为了完成这个目标要投入的资金却远远超过能带来的利益。很显然，这是一个没有实际价值的目标。

目标的实际性需要团队管理者进行多方面调查、衡量，要求各成员通力配合，让各位成员参与到部门工作目标的制定中去，使个人目标与组织目标达成一致，既要有由上到下的工作目标协调，也要有自下而上的工作目标参与。

另外，对于R(Relevant)还有这样的解释，即相关性，讲的是实现此目标与其他目标的关联情况。如果实现了这个目标，但与其他目标完全不相关，或者相关度很低，那么这个目标即使被达到了，意义也不是很大。

工作目标的设定，要和岗位职责相关联，不能跑题。比如一个技术

> **管理就是做考核**
> 只有考核到位，管理才会高效

开发员，让他学软件测试、大数据开发、计算机控制以便工作的时候用得上，这些知识和提升技术员的工作质量有关联，即学软件测试、大数据开发、计算机控制这一目标与提高技术工作水准这一目标直接相关。若让他学习6sigma（6西格玛管理理念），就跑题了，因为技术员学习6sigma这一目标与提高工作水准这一目标相关度很低。

5.Time-bound（时限性）

目标设定的时限性是指目标是有时间限制的。例如，总经理给销售部定了一个销售目标，完成时间为2017年4月1日~2017年4月31日，即一个月的时间。有了时限，目标的执行才会有约束。否则，执行者根本不知道上司何时要结果，自然也就不会抓紧时间执行，这会影响执行的效率。

上下级之间对目标轻重缓急的认识程度不同，很多工作，上司着急，但员工不一定着急。如果没有明确的时间限定，考核很难取得结果，或带来考核的不公。因此，在考核目标设定中，要有时间限制。要根据工作任务的权重、事情的轻重缓急，拟定出完成目标项目的时间要求，定期检查项目的完成进度，及时掌握项目进展的变化情况，以方便对下属进行工作指导，以及根据工作计划的异常情况变化及时地调整工作计划。

简单来说，目标设定需要明确以下四个问题（见表4-1）。

第4章 设定考核目标，让绩效导向结果

表 4-1 目标设定需要明确的四个问题

问题	示例
做什么（动作）	比如，增加、减少、降低、提升等
做的对象（影响的对象）	比如，销售额、产量、服务满意度、投诉率、返修率等
什么结果（目标结果）	比如，销售额增长 10%，投诉率下降 5% 等
什么时间（目标时间）	比如，2016 年 11 月 1 日~12 月 31 日

> **管理就是做考核**
> 只有考核到位，管理才会高效

4.4 目标沟通，疏清绩效阻力

动机理论认为：人的积极性与需要相联系，是由人的动机推进的。也就是说，动机产生于人的需要又支配着人的行动。只有了解人的需要和动机的规律性，才能预测人的行为，进而引导人的行为，调动人们的积极性。

一般说来，当人产生某种需要而未得到满足时，会产生不安和紧张心理。在遇到能够满足需要的目标时，这种紧张的心理状态转化为动机，推动人们从事某种活动，向目标前进。

当达到目标时，需要得到满足，这时又会产生新的需要，使人不断地向新的目标前进。目标管理就遵循这一原理，根据人们的需要设置目标，使组织目标和个人需要尽可能结合，以激发动机，引导人们的行为，完成整体的组织目标。

同时，彼得·德鲁克认为：目标管理是一种参与的、民主的、自我控制的管理制度，也是一种把个人需求与组织目标结合起来的管理制度。在这一制度下，上级与下级的关系是平等、尊重、依赖、支持，下级在

第4章　设定考核目标，让绩效导向结果

承诺目标和被授权之后是自觉、自主和自治的。

鉴于此，目标在设定后，应该进行有效沟通，以扫清绩效实现道路上的阻力。

在美国一个农村，住着一个老头，他有三个儿子。大儿子、二儿子都在城里工作，小儿子和他在一起，父子俩相依为命。

突然有一天，一个人找到老头，对他说："尊敬的老人家，我想把你的小儿子带到城里工作，可以吗？"

老头气愤地说："不行，绝对不行，你滚出去吧！"

这个人说："我在城里给你的儿子找一个对象，可以吗？"

老头摇摇头："不行，你走吧！"

这个人又说："如果我给你儿子找的对象，也就是你未来的儿媳妇是洛克菲勒的女儿呢？"

老头动心了。

过了几天，这个人找到了美国首富石油大王洛克菲勒，对他说："尊敬的洛克菲勒先生，我想给你的女儿找一个对象，可以吗？"

洛克菲勒说："快滚出去吧！"

这个人又说："如果我给你女儿找的对象，也就是你未来的女婿是世界银行的副总裁，可以吗？"

洛克菲勒同意了。

又过了几天，这个人找到了世界银行总裁，对他说："尊敬的总裁先生，你应该马上任命一个副总裁！"

总裁先生说："不可能，我这里这么多副总裁，为什么还要任命一个

管理就是做考核
只有考核到位，管理才会高效

副总裁呢，而且是马上任命？"

这个人说："如果你任命的这个副总裁是洛克菲勒的女婿，可以吗？"

总裁先生同意了。

虽然这个故事不尽真实，但却体现了沟通的力量。目标沟通中，要想达到效果，须具备两个必要条件。

首先，目标制定者要清晰地表达目标的内涵，以便执行者能确切理解。

沟通并不意味着简单的信息传递，而要确保信息接收者能理解信息的内涵。如果以一种模棱两可、含糊不清的文字语言传递一种不清晰、难以使人理解的信息，对于执行者而言没有任何意义，反而会对目标制定的动机产生怀疑。

其次，要重视目标信息的反馈程度。目标沟通是一种动态的双向行为，双向的沟通对信息发送者来说应得到充分反馈。只有沟通的主、客体都充分表达了对某一问题的看法，才真正具备目标沟通的意义。如果只有传递，没有反馈，目标可能因失去及时修正的机会而无法发挥最大价值。

第4章　设定考核目标，让绩效导向结果

4.5 目标分解，变压力为动力

目标分解，犹如大树开枝散叶，将总体目标在纵向、横向或时序上分解到各层次、各部门以至具体的人，形成目标体系，使总目标得以实现。

1984年，在东京国际马拉松邀请赛中，日本选手山田本一出乎意料地夺得冠军，让人大跌眼镜。

赛后，记者蜂拥而至，问他凭借什么取得如此惊人的成绩时，他只是轻描淡写地说了一句："凭智慧战胜对手"。

当时，许多人都不明白这句话的奥秘，因为大家都知道，马拉松比赛主要是运动员体力和耐力的较量，爆发力、速度和技巧却在其次。许多人对山田本一的回答，都抱以怀疑的态度。

但是，在1987年的意大利国际马拉松邀请赛中，山田本一又夺得了冠军。当记者再次采访他夺得冠军的原因时，这个性情木讷，不善言谈的矮个子回答的仍是上次那句话："凭智慧战胜对手"。

10年后，这个谜底被揭开了。山田本一在自传中这样写到："每次比

管理就是做考核
只有考核到位，管理才会高效

赛之前，我都要乘车把比赛的路线仔细地看一遍，并把沿途比较醒目的标志画下来，比如第一标志是银行；第二标志是一棵古怪的大树；第三标志是一座高楼……一直画到赛程的结束。

比赛开始后，我就以百米的速度奋力向第一个目标冲去。到达第一个目标后，我又以同样的速度向第二个目标冲去。40多千米的赛程，被我分解成几个小目标，跑起来就轻松多了。最初，我把目标定在终点线的旗帜上，结果我跑到十几千米的时候就疲惫不堪了，因为我被前面遥远的路程吓到了。"

最终的战略目标一般都是宏大的，长远的。如果不能分解，往往会让人如大山压顶般敬而远之。只有进行清晰地分解，目标才能变压力为动力，其强大的激励作用才能显现出来。当实现了其中一个目标的时候，就能及时地得到了一个正面激励，这对于培养员工挑战目标的信心有巨大激励作用。就像故事中的山田本一，他把遥远的目标变成了一个个可及的小目标，从银行到大树，再到高楼，直到终点。每完成一个小目标，就离最终目标近了一点儿，激励作用可想而知。

目标分解，要坚持这样几个原则。

第一，按整分合原则进行，也就是将总体目标分解为不同层次、不同部门的分目标，各个分目标的综合又体现总体目标，并保证总体目标的实现。

第二，分目标要保持与总体目标方向一致，内容上下贯通，以保证总体目标的实现。

第三，目标分解中，要注意到各分目标所需要的条件及其限制因素，

第4章 设定考核目标，让绩效导向结果

如人力、物力、财力和协作条件、技术保障等。

第四，各分目标之间在内容与时间上要协调、平衡，并同步发展，不能影响总体目标的实现。

第五，各分目标的表达要简明、扼要、明确，坚持SMART原则，有具体的目标值和完成时限要求。

常用的目标分解方法有四种（见图4-2）：

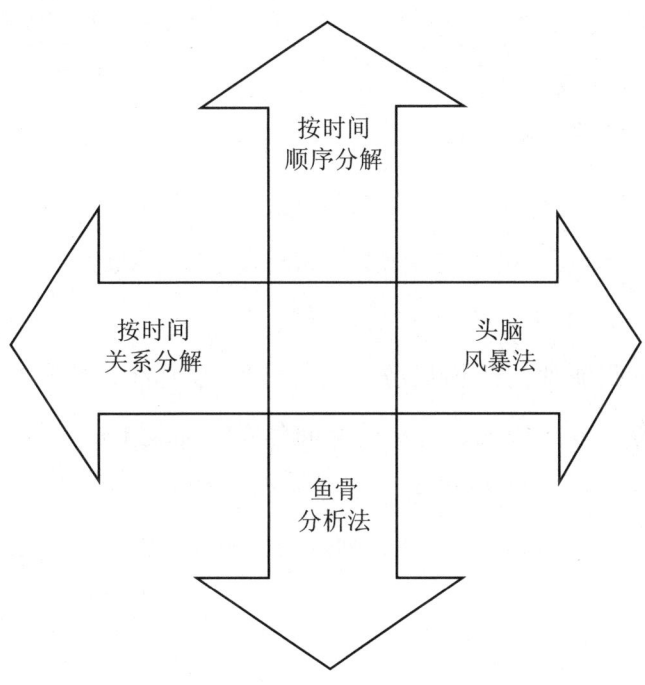

图4-2 目标分解方法

> **管理就是做考核**
> 只有考核到位,管理才会高效

1. 按时间顺序分解

即定出目标实施进度,按时间顺序分解为不同的小目标,形成目标时间体系,以便在实施过程中检查和控制。

如把公司 2010～2015 年间要实现的目标分解为 2010 年、2011 年、2012 年、2013 年、2014 年、2015 年五个时间段;或者将 1000 万元的年度销售目标分解为一季度、二季度、三季度、四季度四个时间段,每个时间段有不同的目标。

2. 按时间关系分解

按时间关系分解又包括以下两种方式。

(1)按管理层次的纵向分解,即将目标逐级分解到每一个管理层次,直到每一个人,由此产生个人绩效目标。

(2)按职能部门的横向分解,即将目标项目分解到有关职能部门,这种分解方式构成了目标的空间体系。如某工厂的目标管理:公司定了 6 项目标、37 项目标值,分解到各科室、车间后,形成了 75 项目标、101 项目标值,再分解到班组、个人,全公司共形成了 1000 多个目标值。

3. 头脑风暴法

头脑风暴法又称智力激励法、自由思考法,由美国创造学家 A·F·奥斯本于 1939 年首次提出。指所有参与人无限制地自由联想和讨论,集思广益,进行脑力震荡,穷尽所有因素,对问题进行分析。

第4章 设定考核目标,让绩效导向结果

头脑风暴法一般采用会议形式,参加人数为 5~10 人,由不同专业或不同岗位的员工组成,在 1 小时左右的时间内,大家各抒己见,任意思考,分析问题的现实可行性方法。

4. 鱼骨分析法

鱼骨分析法,又名因果分析法,是一种发现问题根本原因的分析方法,是由日本管理大师石川馨先生发展出来的,故又名石川图。

企业考核中,目标的实现总是受到各种因素影响,通过头脑风暴找出这些因素,并针对问题点,给出解决方法和要达成到目标,按相互关联性整理成层次分明、条理清楚,形状如鱼骨的图。

例如,某日用品制造企业,为了达成有效提升市场份额这一目标,采用鱼骨分析法对提升市场份额这一目标进行分解(见图 4-3)。

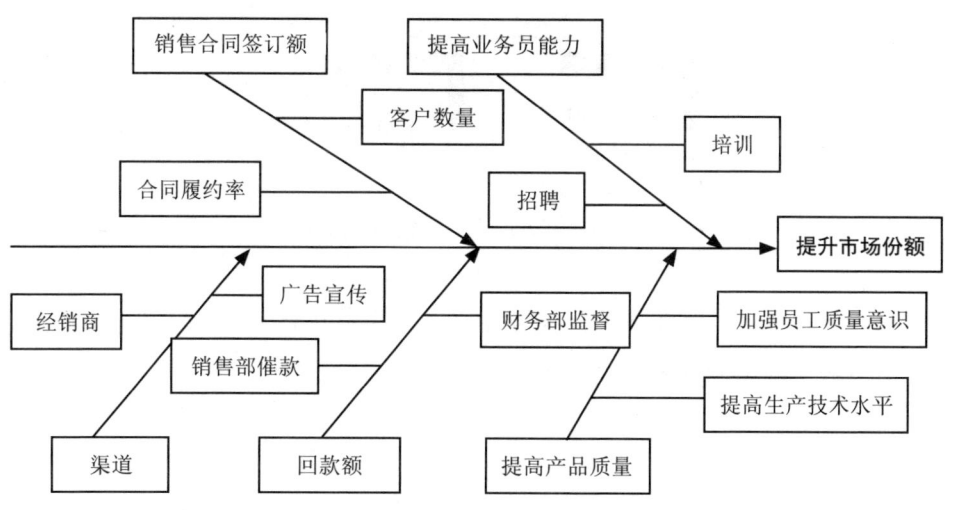

图 4-3 用鱼骨分析法分解目标

实践中,对目标的分解往往不一定遵从以上四种方法。比如将管理成熟度分解为系统建设和员工素质,按照依赖因素又可以将系统建设和员工素质依次进行分解(见图4-4)。

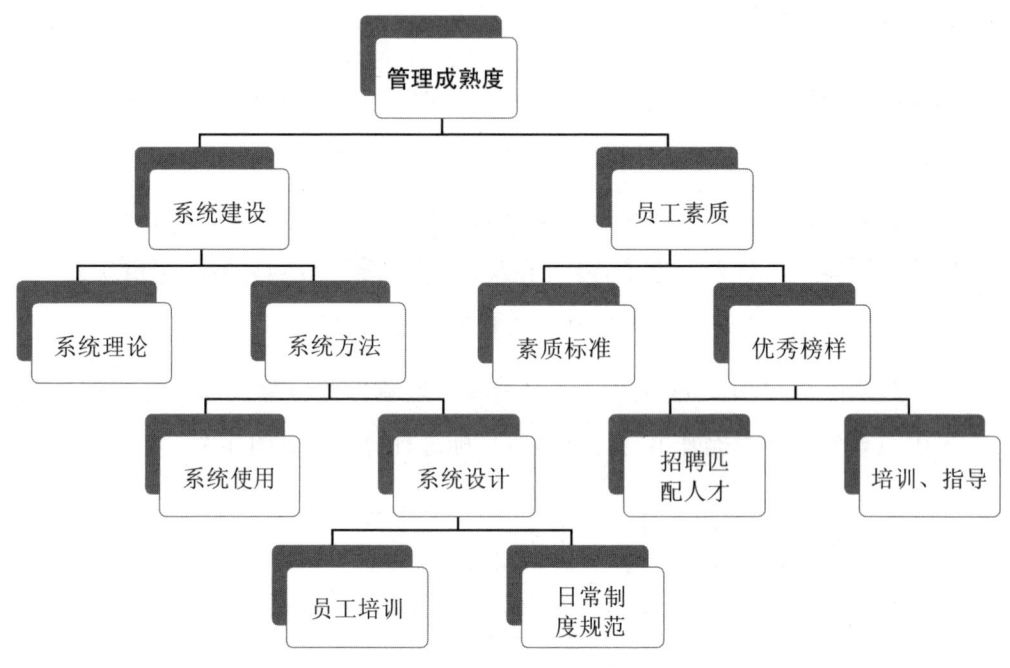

图 4-4 管理成熟度分解

一般而言,企业目标分解可以从以下四类开展分析,分别为财务类、客户类、过程管理类、员工类(见图4-5)。

第4章 设定考核目标，让绩效导向结果

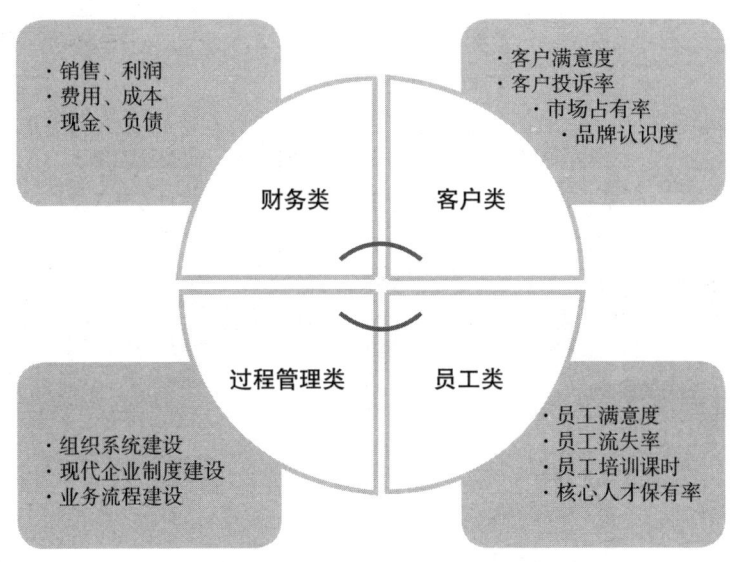

图 4-5 目标分解的四类因素

例如，将销售收入指标分解为销售合同签订额和回款额，按照职能部门关系分解到各个部门（见图 4-6）。要签订更多的销售合同，则需要拥有大量的新客户和老客户，即要开发新客户、维护老客户；客户是由业务员开发的，所以要有足够数量和能力的新、老业务员，这需要人力资源部和销售部共同完成；签订了合同，还有合同履约率要求，这就对业务系统完善度提出了要求；回款额则由财务部提供数据、实施监督，销售部负责催款。

实践中，个人绩效目标常常在各种文件、制度中有所体现。如岗位说明书中那些对客户、对本部门和其他部门重要的职责，在经过提炼后

管理就是做考核
只有考核到位，管理才会高效

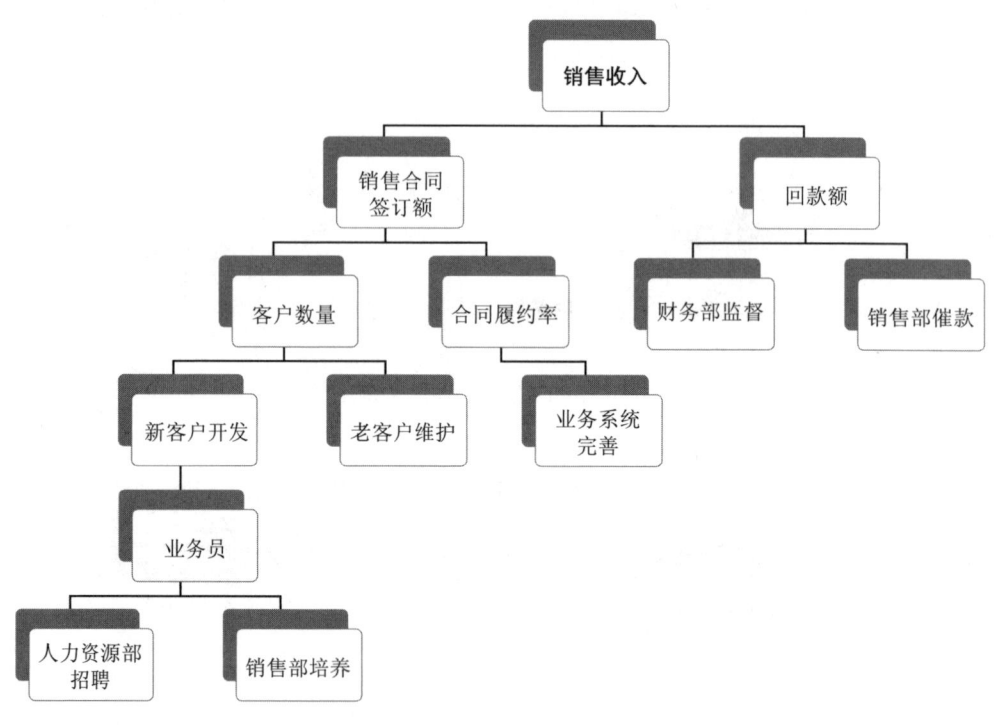

图 4-6 销售指标分解

可以将其作为个人绩效目标（见表 4-2）。业务计划中那些可以为公司的业务计划增值的关键指标，需要改善的领域等，也可以作为制定个人绩效目标时的参考。

表 4-2 员工职责分解表

员工职责	对客户的重要职责	对本部门工作的重要职责	对其他部门工作的重要职责
职责 1			
职责 2			

第4章 设定考核目标，让绩效导向结果

续表

员工职责	对客户的重要职责	对本部门工作的重要职责	对其他部门工作的重要职责
职责3			
职责4			
职责5			
职责6			

接下来，我们从财务层面对某清洁产品制造企业销售部门的考核目标进行分解（见表4-3），供大家参考学习。

表4-3 某企业销售部门考核目标分解表

层面	考核目标	行动举措	衡量指标	目标值	单位	指标定义/公式	考核周期	数据来源
财务层面	2017年实现销售收入20亿元	每年国内市场销售额增长率不低于20%，国际市场不低于15%	产品销售收入	5	亿元	产品销售收入	年度/季度	财务部
财务层面	多渠道迅速提升销售量	发挥地域、品牌、渠道优势，以终端驱动迅速提升华北、东北、华南、华东四大区的销售额	产品销售收入		亿元	产品销售收入	年度/季度	财务部

管理就是做考核
只有考核到位，管理才会高效

续表

层面	考核目标	行动举措	衡量指标	目标值	单位	指标定义/公式	考核周期	数据来源
财务层面	多渠道迅速提升销售量	整合行业资源，通过渠道驱动，扩大西北市场占有率	新增30万以上客户数量	5	家	新增的30万以上客户数量	年度	销售部
		拓展商用清洁市场，扩大商用清洁市场占有率	商用市场占有率	5%	%	本企业产品在商用市场的销售量/商用市场上同类产品销售量×100%	年度	销售部
		扩大现有渠道，增加新渠道销售	新增渠道销售收入占比	10%	%	新增渠道销售收入/销售总额×100%	年度/季度	销售部
	保持一定的利润水平	迅速扩大销售规模与相对减少人员相结合，增加人均销售量	税后净利润率	10%	%	净利润/主营业务收入×100%	年度	财务部
		完善各项销售管理制度，加强过程管理和控制，提高销售量						
		加强大客户关系维护，提高客户销售贡献量						

第4章 设定考核目标，让绩效导向结果

续表

层面	考核目标	行动举措	衡量指标	目标值	单位	指标定义/公式	考核周期	数据来源
财务层面	保持一定的利润水平	重视小客户，努力往大客户方向培养	税后净利润率	10%	%	净利润/主营业务收入×100%	年度	财务部
		业务经理逐步本地化，减少费用支出	西北分部人员本地化比例	60%	%	西北分部本地员工/西北分部所有员工×100%	年度	人事部
	优化成本结构，控制成本费用	控制销售费用支出	销售费用占销售收入比	15%	%	销售费用/销售收入×100%	年度/季度	财务部
		采用个人费用（差旅、住宿、餐饮、招待费、通讯费等）包干制度					年度/季度	财务部
	优化成本结构，控制成本费用	优化人员结构，优化仓储、配送流程，降低物流成本	流程优化效果评价	15%	%		年度/季度	总经理

4.6 目标实施,变现"纸上蓝图"

战国时期,赵国大将赵奢之子赵括从小熟读兵书,谈起兵事头头是道,自以为天下无敌。然而赵奢却很担忧他,认为他不过是纸上谈兵。结果正像赵奢预料的,在长平之战中,赵括只知道死搬兵书上的条文,不知道变通,致使四十多万赵军被秦军尽数歼灭,他自己也被秦军箭射身亡。

纸上谈兵比喻空谈理论,不能解决实际问题或空谈不能成为现实。在企业考核中,目标只有通过实施,将"纸上蓝图"变现了,才能产生效果,实现价值。

目标实施,应把握四个原则(见图4-7)。

第4章 设定考核目标，让绩效导向结果

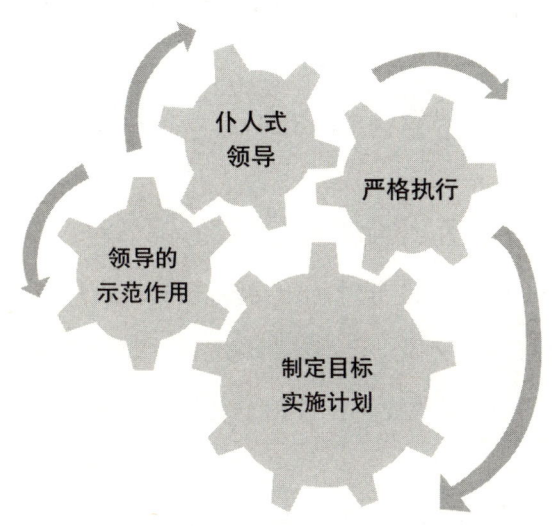

图 4-7 目标实施的原则

1. 制定目标实施计划

某保险销售员告诉老板："我的目标是在一年内赚 100 万元！"

老板问："那你如何达成这个目标？"

销售员说："只要我努力，就一定能达成。"

老板说："我们来看看，你要为自己的目标做出多大的努力。根据我们的提成比例，100 万元的佣金大概要做 300 万元的业绩。一年 300 万元业绩，一个月就是 25 万元的业绩。平均到每一天就是 8300 元业绩。想要每天实现 8300 元的业绩，大概要拜访多少客户？"

老板接着说："大概每天要 50 个人。那么一个月要 1500 人，一年就需要拜访 18000 个客户"。

> **管理就是做考核**
> 只有考核到位，管理才会高效

这时老板问销售员："请问你现在有没有 18000 个 A 类客户？"

销售员说："没有。"

"如果没有的话，就要靠'陌生拜访'。你拜访一个陌生客户要谈多长时间？"

销售员说："至少 20 分钟。"

老板说："每个人谈 20 分钟，一天要谈 50 个人，也就是说你每天要花 16 个多小时与客户交谈，还不算路途时间。请问你能不能做到？"

销售员恍然大悟："我懂了，目标不是凭空想象的，而是需要一个能达成的计划。"

目标并不是孤立存在的，目标和计划相辅相成。目标指导计划，计划的有效性影响着目标的达成，不能将二者割裂开来。在执行目标的时候，要考虑行动计划如何做才能更有效地完成目标。

2. 领导的示范作用

联想在初期，开会的时候总有人迟到，严重影响了会议的进展，很多事情在会议上都无法顺利讨论。为此，联想出台了一项制度：迟到者罚站 1 分钟。当迟到者被罚站时，会议会停下来，人家都看着迟到者，像默哀似的，让迟到者感到很难受。

联想刚制定这项制度时，第一个迟到的人是柳传志的老领导——原计算机科技处的老处长。柳传志回忆说："我跟老吴说今天你必须罚站 1 分钟。当时真的很尴尬，但我还是硬做了下来。他罚站时站了一身汗，我坐在一边也是一身汗。"

第4章 设定考核目标，让绩效导向结果

后来，联想的创始人之一张祖祥也因开会迟到被罚站。张祖祥是联想最早的副总经理、副总裁，虽然位高权重，但是违反了公司的制度规定，就要接受罚站。

柳传志也曾因开会迟到被罚站三次。他说："我被罚站三次其实不算多，因为我开会最多。有一次，电梯坏了，我被困在电梯里，我不停地敲电梯门，想叫人帮我请假，可没人应答。在这种情况下，我也要被罚站。"

一个的人行事方式经过传播，影响力是巨大的。在目标实施中，管理者率先垂范落实目标，可以影响到下属员工，使大家逐渐养成一种目标管理行为习惯，最终形成自我控制，一旦目标制定，便自觉执行。

3. 仆人式领导

吴起是战国初期著名的政治家、军事家、改革家，他治军严于己而宽于人，与士卒同甘共苦，深得士卒爱戴。有一次，一个士兵身上长了一个脓疮，吴起身为堂堂主帅竟然亲自用嘴为这个士兵吸吮脓血。全军上下无不感动，以至于士卒皆誓死效忠于他。

这个故事讲的是领导在目标执行中要放低身段，平等对待部门或团队的每个成员，以此激发员工的工作热情和创造性，创造出惊人的团队业绩。

仆人式领导会问员工五个问题。

（1）工作进展如何？

（2）你在学习什么？

（3）你的目标是什么？

（4）我能帮你做什么？

（5）我作为一个帮助者做得怎么样？

通过扮演"仆人"角色，领导者可以了解员工在目标执行中遇到的问题和困难，并施以援手，促成目标达成。

4. 严格执行

日本软银公司董事长孙正义曾经说过："三流的点子加一流的执行力，永远比一流的点子加三流的执行力更好。"管理企业也是这个道理，只有把执行落到实处，目标才能实现。

海尔从一个濒临倒闭、亏损147万元的电冰箱厂发展成为全球知名家电制造商，与其高效的执行力不无关系。海尔公司有一条很有名的工作准则：日事日毕，日清日高，即今天的工作必须今天完成，今天完成的工作必须比前一天有提高。

海尔集团创始人之一杨绵绵说："卓越的执行力是企业核心竞争力的重要部分，如果被动地执行，就无法适应市场变化，如同下雨了才去买雨衣。"正是这种执行力文化才成就了海尔，使之成为世界知名家电制造商。

对企业而言，目标如果不能被执行，都是空谈。只有严格执行、落实到位，才能保证目标实现，取得业绩。

第5章
用好考核工具，让目标在执行中不走样

作为调动员工积极性的重要方式，考核是企业实现业绩增长的推动力，已日渐成为当今人力资源管理的重点，日益受到管理者的重视。而考核工具选用得恰当与否，在很大程度上决定着绩效考核的最终效果。

管理就是做考核

只有考核到位,管理才会高效

5.1 KPI 关键绩效指标,衡量考核成效

关键绩效指标(KPI)是对业绩产生关键性影响的指标,是反映组织关键成功要素的量化衡量措施。KPI 考核法是把企业的战略目标分解为具体目标,提取可量化的关键性指标,对相关人员进行考核。

KPI 的理论基础源自意大利经济学家帕累托提出的二八原理,即一个企业在价值创造过程中,每个部门和每一位员工的 80% 的工作任务是由 20% 的关键行为完成的,抓住 20% 的关键行为,就能够保证 80% 的成功。因此,考核的重心在于抓住 20% 的关键行为,对之进行分析和衡量。

▶5.1.1 KPI 考核法的特点

关于关键绩效指标考核法,我们需要了解以下几个特点(见图 5-1)。

第5章 用好考核工具，让目标在执行中不走样

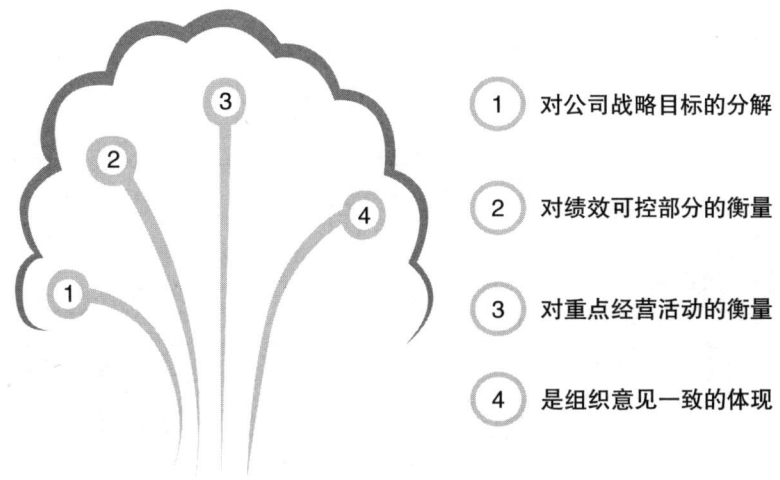

图 5-1 KPI 考核法的特点

1. 对公司战略目标的分解

KPI 作为构成公司战略目标的有效组成部分或支持体系，所体现的衡量内容最终取决于公司的战略目标。因此，KPI 以实现公司战略目标的相关部分作为自身的主要职责。如果 KPI 与公司战略目标脱离，那么它所衡量的方向也将与公司的战略目标产生分歧。

KPI 对公司战略目标的分解，有两层含义，第一层含义在于，KPI 针对不同的部门、职位、考核结果，对公司战略目标进一步细化和发展（见图 5-2）；第二层含义在于，随着公司战略目标的发展，KPI 不断调整、修正，以反映公司战略的新内容。

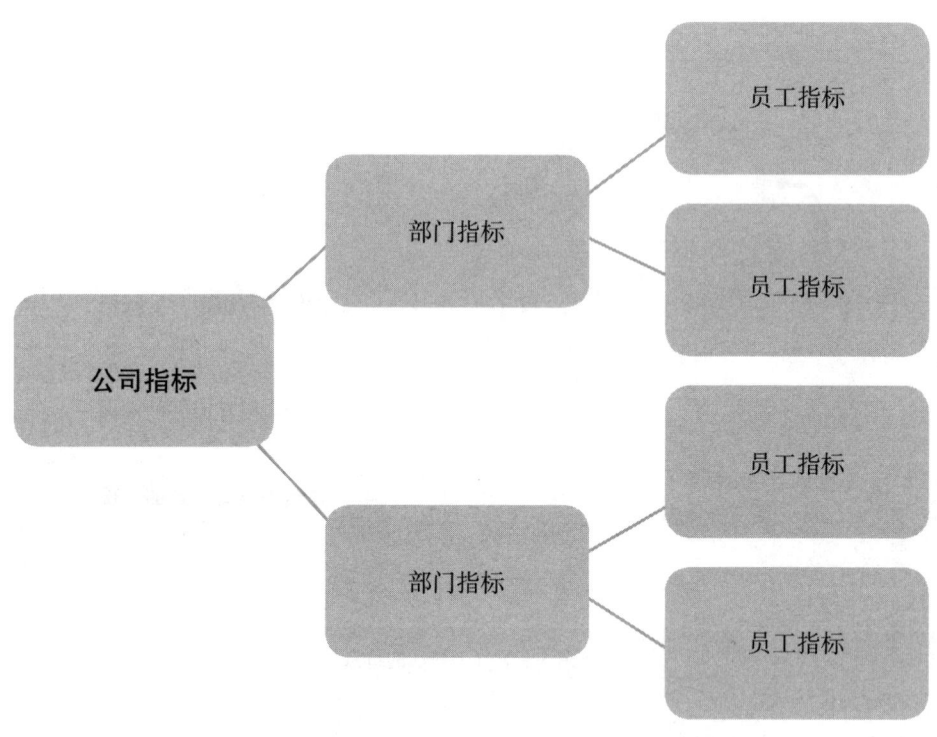

图 5-2 针对不同的指标分解

2. 对绩效可控部分的衡量

影响企业经营活动的因素有内部因素和外部因素，KPI只对各职位员工可控制和影响的部分进行衡量。例如，销售量与市场份额都是衡量销售部门市场开发能力的标准，而销售量是市场总规模与市场份额相乘的结果，其中市场总规模是不可控变量。在这种情况下，两者相比，市场份额更体现了职位绩效的核心内容，更适于作为关键绩效指标。

3. 对重点经营活动的衡量

在企业内部，不论是高层管理人员还是基层员工，工作内容都涉及不同的方面，但KPI只对公司整体战略目标影响较大，对战略目标实现起到不可或缺作用的工作进行衡量，而不能要求它面面俱到。

4.KPI 是组织一致意见的体现

KPI的制定过程由上级与员工共同参与完成，不是由上级强行确定下发的，也不是由本职员工自行制定的，它是双方一致意见的体现，是组织中相关人员对职位工作绩效要求的共同认识。

5.KPI 考核法的优缺点

KPI以企业战略目标为导向，将企业的战略目标层层分解，然后通过KPI指标进行整合和控制，其优点在于：

它能使员工绩效行为与企业目标要求的行为相吻合，有力地保证了公司战略目标的实现，为创造双赢局面打下基础；

与其他业绩评价标准相比，KPI更能精练地反映实际的业绩，直观性和可控性更强，便于评估和管理，导向性更明确。

KPI也有不足之处。一是KPI倾向于定量化的指标，其是否真正对企业绩效产生关键性影响，如果没有运用专业化的工具和手段，很难界定；二是KPI会使管理者误入机械的考核方式，不考虑人为因素和弹性因素，过分依赖考核指标，以致在考核上产生异议和纠纷；三是KPI不是万能的，并非适用所有岗位；四是KPI只明确了"考什么"，即用哪些指标来考核，而对"如何考"和"谁来考"关注不够，所以其必须结合其他考核工具才能取得好的效果。

▶5.1.2 KPI 确定的流程

关键绩效指标是绩效考核的基本要素，制定有效的绩效考核指标是绩效考核取得成功的保证。因此，它被视为建立绩效考核体系的中心环节，成为企业主管最关注的问题。接下来，让我们了解一下关键绩效指标确定的流程（见图 5-3）。

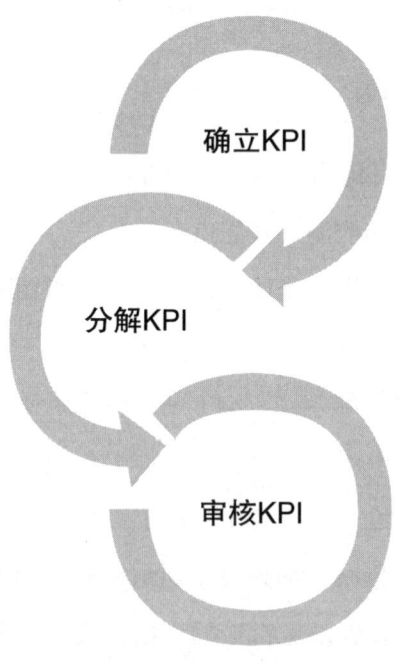

图 5-3 KPI 确定的流程

第5章 用好考核工具，让目标在执行中不走样

首先，从公司的战略目标出发，利用头脑风暴法、鱼骨分析法等抓住主要矛盾，分析出企业的管理重点、核心行为、关键业绩指标，确定公司级的KPI。

其次，根据公司级KPI，结合企业实际情况和部门职责分工，对KPI进行分解，确定相关的要素目标，分析出绩效驱动因数(技术、组织、人)，形成各部门级的KPI。在此基础上，结合岗位职责，将部门级KPI进一步分解，得出岗位级KPI。由此形成企业绩效、部门绩效和个人绩效各层级的KPI（见表5-1）。

表 5-1 KPI 目标分解表

		岗位1	岗位2	岗位3	岗位4
目标	措施1				
	措施2				
	措施3				

将公司级KPI分解至岗位KPI时，可以从以下几个方面进行考虑。

（1）员工本年度的主要职责是什么？

（2）员工为什么要从事这份工作？

（3）员工完成任务时有哪些权力？

（4）哪些工作职责是最重要的，哪些是次要的？

（5）员工工作的好坏对部门和公司有什么影响？

（6）如果一切顺利的话，员工应该何时完成这些职责（例如，对某一个特定的项目）？

（7）管理者如何判断员工是否取得了成功？

（8）管理者如何帮助员工完成工作？

（9）员工是否需要学习新技能以确保完成任务？

（10）员工如何和管理者就工作任务问题进行沟通？管理者如何了解员工工作的最新进展和工作中出现的问题？

最后，通过精简、调整、分类、赋值等一系列措施对关键绩效指标进行筛选审核，通过相关性分析，剔除不合理指标或重复指标，使其精简化，确保关键绩效指标能够全面、客观地反映考核对象的绩效，而且易于操作。

例如，某公司2015年的总体战略目标是实现组织增幅，分配到采购部门则是成本控制、质量与效率提升，具体细节落实到采购经理岗位（见表5-2）。

表5-2 某公司KPI指标分解

	年采购额	生产性原材料与零部件采购总额、非生产性采购总额、原材料采购总额占生产成本的比例等
价格与成本指标	采购价格	各类原材料的年度基价、所有原材料的年平均采购基价、各原材料的目标价格、所有原材料的年平均目标价格、各原材料的降价幅度及平均降价幅度、降价总金额、各供应商的降价目标、本地化目标、联合采购的降价幅度等

续表

质量指标	来料质量	批发质量合格率、来料抽检缺陷率、来料在线报废率、来料免检率、来料返工率、退货率、对供应商投诉率及处理时间等
	质量体系	通过ISO国际质量体系认证的供应商比例、实行来料质量免检的物品比例、来料免检的供应商比例、来料免检的价值比例、开展专项质量改进的供应商数目及比例、参与本公司质量改进小组的供应商人数及供应商比例等
企划指标	订单与交货	各供应商以及所有供应商平均的准时交货率、首次交货周期、正常供货的交货周期、交货频率、交货数量的准确率、订单变化接受率、季节性变化接受率、订单确认时间、交货运输时间、平均报关时间、平均收货时间、平均退货时间、退货后补货的时间等
	企划系统	供应商采用企划系统的程度、实行"即时供应"的供应商数目与比例、原材料的库存量（或库存周期）、使用周转包装材料的程度与供应商数量、订单数量。平均订货量、最小订购数量等
其他采购指标	综合指标	供应商总数、采购的物品种数及项目数、供应商平均供应的物品项目数、通过ISO国际质量体系认证的供应商数目、独家供应的供应商数目及比例、伙伴型供应商及优先型供应商的数目及比例等
	技术与支持	采用计算机系统处理行政事务以及采用E-mail（电子邮件）联系处理业务的供应商数目、采用E-commerce（电子商务）的供应商数量、参与本公司产品开发、工艺开发的供应商数量及程度、能用英文直接沟通的供应商数量等

续表

采购效率指标	采购人员	采购部总人数以及战略采购前期采购、后期采购人员的比例、采购人员的年龄、工作经验、教育水平结构等、采购人员语言结构、采购人员培训目标及实施情况、采购部人员流失率等
	管理	采购人员的时间利用结构（处理文件、访问供应商等）及比例、采购人员的纪律执行情况（考勤等）、采购人员的工资级别及费用情况、采购行政管理制度的完整性、合同管理、权限规定、行为规范、供应商管理程序的完整性（如供应商审核、供应商考评、采购系统的审核及评估目标与水平）等

5.1.3 KPI 的权重设置

KPI 权重设置，是指给 KPI 赋权。需要考虑公司的发展阶段、薄弱点和业绩期望等因素。

以财务 KPI 为例，从增长性、盈利性、流动性三个角度来看，KPI 的权重可参考下面的建议。

新成立的公司，其主要任务是打开市场，争取更多市场份额，用 5:3:2 比例更合适；稳定发展的公司，一方面要追求利润，另一方面也要关注现金流，要把重点放在收入增长上，用 4:3:3 比例合适；现金流紧张的公司，需要扩大收入规模，获得更多的资金流入，另外，还要加大对流动性的考核，让经营者更关注回款，用 4:2:4 比例合适；亏损或者微利公司，应将重点放在增长性和盈利性上，用 4:4:2 比例比较合适。

KPI 的权重设置应该切合企业实际需要，体现企业价值增长点和管

第5章 用好考核工具，让目标在执行中不走样

理改进的方向，而不只是单纯地偏重某一方面。

例如，华为某地区的财务 KPI 权重（见表 5-3）。

表 5-3 华为财务 KPI 结构比率

KPI	KPI 指标	权重（%）
增长性	合同额	10
	收入	20
	服务收入	5
	小计	35
营利性	销售毛利率	10
	净利润	15
	销售费用率	3
	内部运作费用率	2
	小计	30
流动性	回款	15
	DOS	5
	ITO	10
	超长期应收账款占比	5
	小计	35
总计		100

5.1.4 KPI 评分

提炼出 KPI 后，还要设定 KPI 评分标准，常见设定方法有以下几种。

1. 比值法

设定 KPI 指标的目标值，通过完成值和目标值直接相比较，进行评分（见表 5-4）。

表 5-4 KPI 比值法评分表

姓名		部门		职务	
指标	目标值	实际值	达标率	得分	权重
KPI 综合评分					

2. 加减分法

加减分法和比值法类似，也是先设定 KPI 的目标值，然后根据完成值进行上下加减分。对于正向引导的指标，如利润、收入、市场占有率、销售增长率、产品研发数等，可以将目标值设定为 X，每增加 A，加 B 分，最多加 C 分；每减少 D，减 E 分，最多减 F 分。对于反向引导的指标，如成本、费用、亏损、差错率、员工离职率等，设定目标值为 X，每减少 A，加 B 分，最多加 C 分；每增加 D，减 E 分，最多减 F 分。

3. 区间法

区间法根据目标值完成的区间范围来进行评分。设计完成值的上下限，例如"返修发生次数"，5 次以下 100 分，20 次以上 0 分；或者设计上下限的区间值，返修发生次数在 3~5 次 80 分，5~8 次 60 分；9~12 次 40 分。

4. 收敛式和开放式

收敛式是指完成目标给满分，超额部分不予考虑的打分方式，反之则是开放式。收敛式评分一般会确认一个基准线，基准线以下得 0 分，基准线以上按照完成比例得分。

例如，华为 CN 地区部在 20XX 年第四季度对 ITO 考核使用了开放式评分标准，以 80 天为基准，兼顾子公司的努力，参照改进率打分。

当 ITO ≤ 80 天，得分 = $5 + 0.1 \times (80 - ITO)$，6 分封顶

当 ITO > 80 天，得分 = 取大 $[5 + 0.1 \times (80 - ITO), 改进率 \times 12.5]$，5 分封顶

改进率 = $1 - Q4ITO/Q3ITO$

5.2 BSC 平衡计分卡，多维度管理

平衡计分卡（BSC）是用于组织绩效衡量的一种新型绩效管理工具。从企业的财务、顾客、内部业务过程、学习和成长四个角度出发，将企业战略目标逐层分解转化为各种具体的相互平衡的绩效考核指标体系，并对这些指标的实现状况进行不同时段的考核，为企业战略目标的完成建立起可靠的执行基础。

▶5.2.1 BSC 考核法的特点

BSC 考核法源自哈佛大学教授 Robert Kaplan 与诺朗顿研究院执行长 David Norton 所从事的"未来组织绩效衡量方法"研究计划。当时该计划的目的是找出超越传统以财务量度为主的绩效评价模式，以使组织的策略能够转变为行动。经过多年发展，平衡计分卡已经发展为集团战略管理的工具，在战略规划与执行管理方面发挥着重要作用。

关于 BSC 考核法，我们需要了解以下几个特点。

1. 四个维度

平衡计分卡认为，传统的财务会计模式只能衡量过去发生的事情（落后的结果因素），无法评估组织前瞻性的投资（领先的驱动因素）。在信息社会里，组织必须通过对客户、供应商、员工、组织流程、技术和革新等方面的投资，获得持续发展的动力。基于这样的认识，组织应从四个维度审视自身业绩：财务、内部业务流程、顾客、学习与成长（见表5-5）。

表5-5 平衡计分卡四个维度的内容

财务方面	财务性绩效指标能够直观反映公司业绩和股东利益，是对公司业绩进行控制和评价的工具，在平衡计分卡方法中予以保留。常用的财务性绩效指标主要有利润增长率和资产回报率
内部业务流程方面	企业战略目标的实现、客户各种需求的满足和股东价值的追求，都依靠企业内部经营支持。企业可以从创新、生产经营和售后服务三个具体环节入手，探索如何管理内部业务，以实现企业的更好发展
顾客方面	平衡计分卡依然强调以顾客为核心的思想，即顾客造就企业。通过客户满意程度、客户保持程度、新客户的获得、客户获利能力和市场份额等指标的评价，为企业建立实现目标的可执行基础

续表

学习与 成长方面	企业的发展依赖三个方面的资源，即人员、信息系统和企业流程。因此，企业应该加强员工培训，不断改进信息系统和企业管理流程，并通过对员工培训支出、员工满意程度、员工的稳定性、员工的生产率等指标的考核，来提升企业成长能力

2. 平衡性

　　平衡计分卡的目的在于确保企业的均衡发展，其平衡性主要体现在五个方面，见图 5-4。

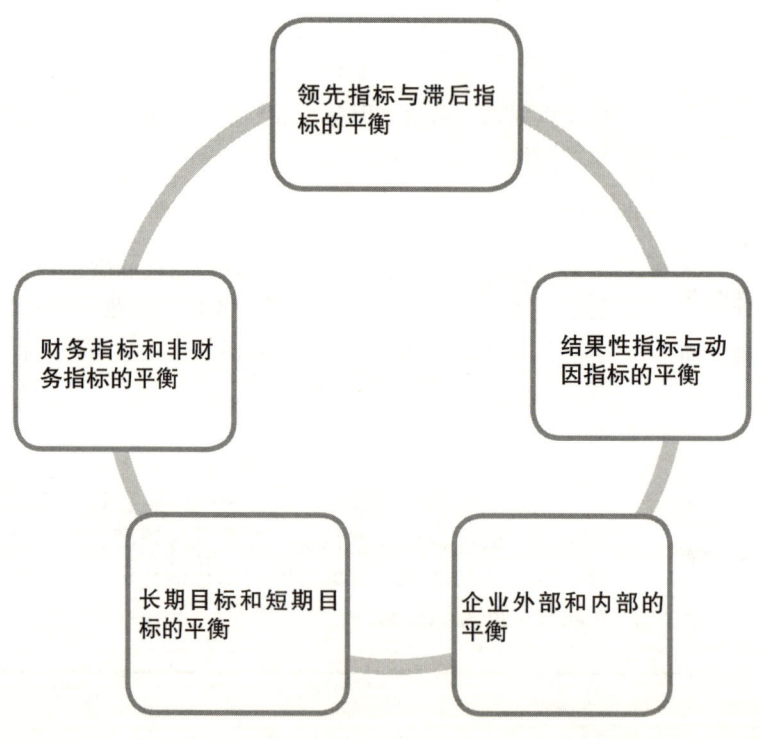

图 5-4　平衡计分卡的平衡性

（1）财务和非财务指标的平衡

平衡计分卡从四个层面全面考察企业。除了财务指标，还包括业务、客户、成长等非财务指标，实现了绩效考核过程中财务指标与非财务指标之间的平衡。

（2）企业长期战略目标和短期经营目标之间的平衡

平衡计分卡将企业的长期战略目标逐步分解到短期经营目标，在关注企业长期发展的同时，也关注了企业各个阶段目标的完成，使企业的长期战略规划更具操作性，实现了长期战略目标与短期经营目标之间的平衡。

（3）企业外部和内部之间的平衡

平衡计分卡实现了企业外部和内部之间的平衡，即股东与客户为主的外部群体和员工与内部业务为主的内部群体间的平衡，避免了这些群体间可能发生的利益冲突。

（4）结果性指标与动因性指标之间的平衡

平衡计分卡以有效完成战略目标为动因，以可衡量的指标为目标管理的结果，寻求结果性指标与动因性指标之间的平衡。

（5）领先指标与滞后指标之间的平衡

平衡计分卡中，财务指标属于滞后指标，客户、内部经营、学习与成长属于领先指标。将它们统一在一个系统中，有助于达到领先指标与滞后指标之间的平衡，引导企业更加关注过程和影响结果的因素，以及反映、预测企业未来绩效的领先指标。

3. 优缺点

平衡计分卡的优缺点见表5-6。

表5-6 平衡计分卡的优缺点

优点	缺点
平衡记分卡克服财务评估方法的短期行为，为企业的长期发展提供评价基础	平衡计分卡要求将考核指标量化，对于一些非财务指标，可能很难解释清楚或是衡量出来
有助于各级员工对组织目标和战略的沟通和理解，提高组织的整体管理水平；使企业管理者仅仅关注少数而又非常关键的相关指标，在保证满足企业管理需要的同时，尽量减少信息负担成本	一份平衡计分卡的开发时间大概需要一年或更长时间，执行时间需要5~6个月，另外还需要几个月调整、优化结构，使其更加规则化，整个流程耗时过长，加之很多指标无法量化，执行起来很困难
能有效地将组织战略转化为组织各层的绩效指标和行动，使整个组织行动一致，服务于战略目标	平衡计分卡很难"自动化"，当企业战略目标或组织结构变更的时候，平衡记分卡也要随之重新调整，需要耗费大量时间和资源
有利于组织和员工的学习成长及核心能力的培养，实现组织长远发展	平衡计分卡的指标数量过多，指标间的因果关系很难做到真实、明确

5.2.2 BSC考核法的实施流程

了解了平衡计分卡考核的特点之后，我们继续了解该考核法的实施

第5章 用好考核工具，让目标在执行中不走样

流程（见图 5-5）。

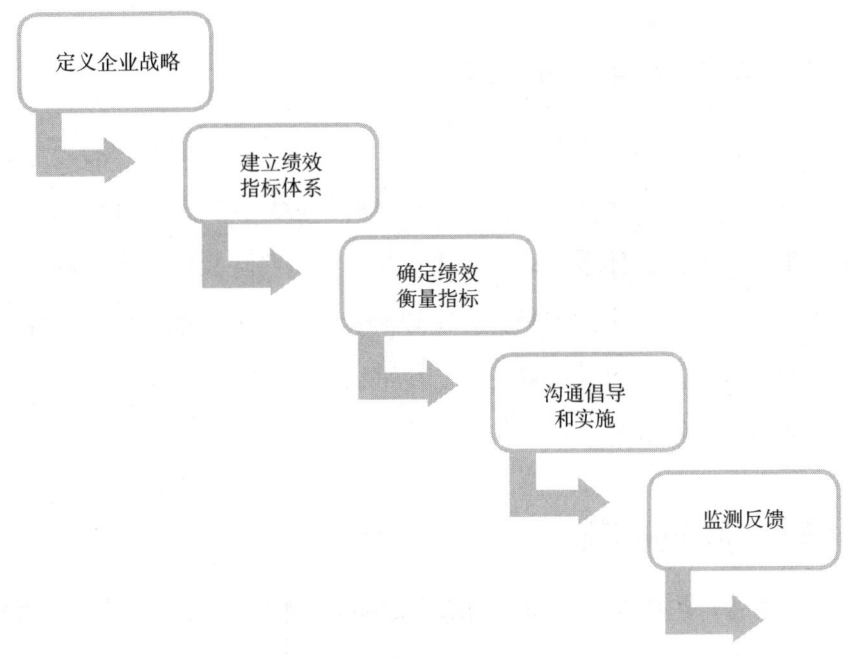

图 5-5 平衡计分卡实施步骤

1. 定义企业战略

考虑企业所处的行业环境、发展阶段、自身优劣势、规模、实力等因素，建立长期愿景与战略，使每一个部门可以采用一些绩效衡量指标去完成公司的愿景与战略。

2. 建立绩效指标体系

依据企业的战略目标和长短期发展需要，建立科学绩效指标体系。

并征求各方、各层次的建议，改进指标体系，使其达到平衡，保证所有参数和行动都向同一个方向变化，全面反映企业的战略目标。

3. 确定绩效衡量指标具体数字

关注各类指标间的因果关系、驱动关系、连接关系，并与公司的计划和预算相结合，确定绩效衡量指标的具体数字。根据企业的实际情况，重点考察指标体系设计得是否科学，是否真正反映本企业的发展水平及目标。对于不全面的指标，加以补充完善；对于不合理的指标，要坚决取消或改进。通过反复优化，使平衡计分卡体系更加规范，更好地为企业战略目标服务。

4. 沟通、倡导和实施

利用各种沟通渠道，如定期或不定期的刊物、信件、公告栏、标语、会议等，让各层管理人员知道公司的愿景、战略、目标与绩效衡量指标，必要的时候平衡计分卡小组可以出面解释，让员工加深印象，为顺利沟通、倡导和实施打下基础。

5. 监测和反馈

对平衡积分卡的实施情况进行监测、评价和反馈。当认为已经达到目标时，就要设定新的目标或对原有目标重新设定（见表5-7）。

第5章 用好考核工具，让目标在执行中不走样

表5-7 BSC考核评价表

	××财务		第一季度		第二季度		第三季度		第四季度	
	目标值	实际值	目标值	实际值	目标值	实际值	目标值	实际值	目标值	实际值
财务指标										
资本收益率										
营业收入增长率										
净利润增长率										
客户服务										
客户增长率										
及时交货										
供货时间										
次品率										
市场份额										
内部运营										
生产周期										
流程错误率										
售后服务评价										
产能										
学习成长										
员工满意度										

管理就是做考核
只有考核到位，管理才会高效

续表

	××财务		第一季度		第二季度		第三季度		第四季度	
	目标值	实际值	目标值	实际值	目标值	实际值	目标值	实际值	目标值	实际值
员工培训支出										
员工流动比率										

以某酒店为例，我们来说明 BSC 考核法的实施。

第一步：定义酒店战略。

采用 SWOT 分析法，对酒店经营环境进行分析（见表 5-8）。

表 5-8 某酒店经营环境分析

优势 （Strengths）	劣势 （Weaknesses）	机会 （Opportunities）	威胁 （Threats）
基础设施完备，可以满足客户各种不同需要；管理层执行力较强；酒店管理经验丰富	基层员工流动性大，招聘难度大；营销手段单一；收入构成不合理，主要依靠客房收入	城市中的中高端游客逐年递增；城市旅游收入呈逐年增加态势；城市酒店高级管理人才丰富	竞争对手数量逐年增加；客户对服务质量要求越来越高；新业务增长点市场压力逐渐增大

第二步：选择关键成功要素，建立绩效指标体系（见图 5-6）。

第5章 用好考核工具，让目标在执行中不走样

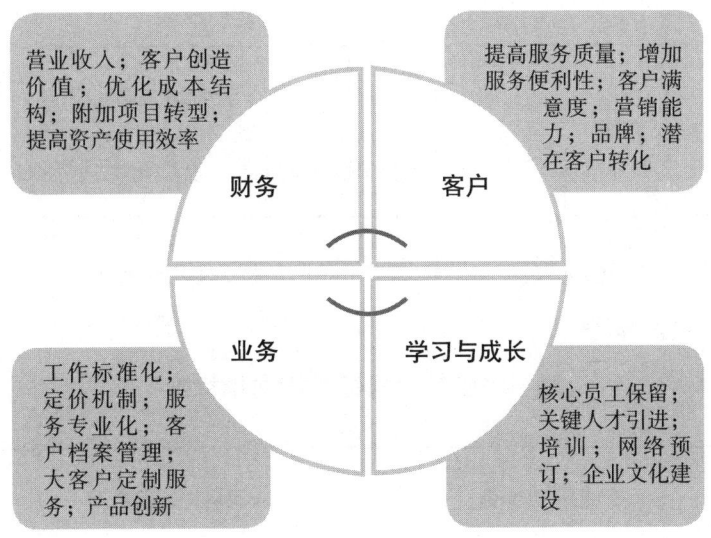

图5-6 某酒店绩效指标体系

对于这个绩效体系，表5-9进行了更详细的描述。

表5-9 绩效体系详述

财务方面	利润的增长主要在于收入的增加和成本控制。客户创造价值的增加、康体项目的转型都会带来新的收入，对酒店资产的使用效率也很关键
客户方面	通过客户的视野来看酒店，从质量、服务、成本等几个方面关注客户需求。酒店品牌建设也有利于引入新客户
业务方面	对客户满意度影响最大的是工作标准化、服务专业化。根据竞争对手的经验，灵活的定价机制和大客户定制服务也可以提高酒店产品的竞争力

续表

学习与成长方面	酒店运营人才是关键，既要留住核心人才，也要加强关键人才的引进，同时注重通过培训不断提高现有员工素质。信息化建设方面，重点在于网络预订系统

第三步：确定绩效衡量指标具体数字。表 5-10 是某公司的绩效衡量指标数，仅供参考。

表 5-10 某公司绩效衡量指标数

层面	关键成功要素	具体衡量数字
财务层面	增加营业收入；提高客户价值；附加项目转型；优化成本结构；提高资产利用率	提高酒店净资产收益率 5%；将每个客户的购买力提高 5%；附加项目销售达成率；经营成本得到有效控制，费用降低 10%；资产利用率达到 70%
客户层面	提高服务质量；增加服务便利性；提高客户满意度；营销能力；提高酒店品牌形象；潜在客户转化	引用国际服务质量测评问卷 SERVQUAL；提高服务效率，完善各部门工作量化指标；客户投诉率下降 2%；营销渠道多样化，做好直销和会员体系建设；建立潜在客户数据库，定期、有针对性地策划营销活动；强化品牌认知度，保持品牌忠诚

续表

层面	关键成功要素	具体衡量数字
业务层面	工作标准化；定价机制；服务专业化；客户档案管理；大客户定制服务；产品创新；控制监管程序创新	完善各部门、各岗位工作标准化流程；建立专业化服务标准；采用动态定价机制，将房价与折扣率相结合；开发可定制的产品和服务，推行"客户自助"服务；收集建立客户个性化消费档案系统，运行客户资料分析，建立科学的客户信息服务系统；提升客户体验与价值；提高健康和安全系数，卫生清洁达标率为100%，各系统设施设备维修及时率达100%
学习与成长层面	留住核心员工；引进关键人才；培训；网络预订；企业文化建设	引进本土"国际化"人才，走特色化、专业化道路；降低核心员工流失率；加强酒店培训体系建设，完善培训工作；完善网络预订系统；增强员工的企业意识，建立以绩效为导向的企业文化

BSC考核法的实施流程系统且专业，企业管理者在运用这套实施流程时，务必以一种专业、严谨的态度对待。这样才能确保BSC考核法真正发挥绩效考核的作用。

5.2.3 平衡计分卡实施的注意事项

了解了平衡计分卡考核法的实施流程之后,在具体实施过程中,还需注意以下事项(见图5-7)。

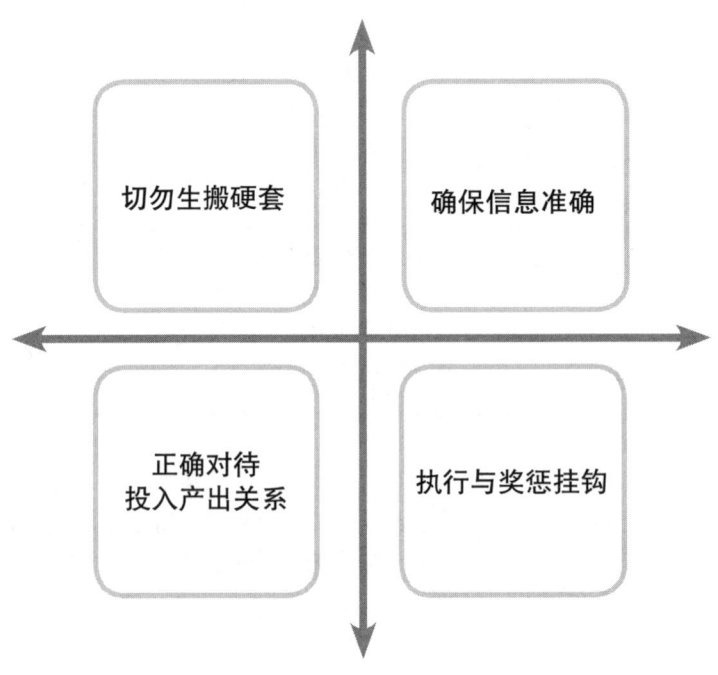

图5-7 平衡计分卡实施的注意事项

1. 切勿生搬硬套

每个企业都有不同的特点,面临着不同的竞争环境,其制定的战略目标也不同。由此导致平衡计分卡四个层面的目标及其衡量指标皆不同;即使相同的目标也可能采取不同的指标来衡量;不同公司指标之间的相关性也不同；相同的指标也会因产业不同而使作用不同。因此，运用BSC法要结合自己的实际情况建立BSC指标体系，切勿生搬硬套，盲目模仿或抄袭。

2. 确保信息准确

信息的精细度和质量要求，在很大程度上影响到平衡计分卡考核指标的设定，进而影响平衡计分卡应用的效果。

信息的精细度与质量要求度不够，会导致所设计与推行的考核指标过于粗糙，或不真实准确，无法有效衡量企业的经营业绩，另外，由于无法正常发挥平衡计分卡的应有作用还会挫伤企业对其应用的积极性。

3. 正确对待投入、产出关系

平衡计分卡的四个维度相互连接，相互影响。要提高财务维度，首先要改善其他三个方面。要改善就要有投入。所以实施平衡计分卡首先带来的是成本而非效益。更为严重的是，效益的产生往往滞后很长时间，投入与产出、成本与效益之间有一个时间差，可能是6个月，也可能是12个月，甚至更长的时间。因此，在实践中，往往出现客户满意度提高了，员工工作效率也提高了，财务指标却下降了的情况。这个时候，管理者就要把目光放长远，要明白非财务指标的改善所投入的大量投资，在可以预见的时间内，可以从财务指标中收回。不能因为短期利益受损，终止平衡计分卡的推行。

4. 执行要与奖惩制度结合

使用平衡计分卡会使大家清楚企业的战略方向，使每个人的工作更具有方向性，有助于群策群力，增强团队凝聚力，提高每个人的工作能力和效率。为充分发挥平衡计分卡的效果，需在重点业务部门及个人层次上实施平衡计分，使各个层次的注意力集中在各自的工作业绩上。这就需要平衡计分卡在执行过程中，注意对员工进行奖励与惩罚，将实施结果与奖惩制度挂钩。

5.3 MBO 目标管理，成就自我控制

目标管理的概念是管理大师彼得·德鲁克在其名著《管理实践》中提出来的，它体现了现代管理的哲学思想，是领导者与下属双向互动的过程。目标管理法用可观察、可测量的工作结果作为衡量员工工作绩效的标准，以制定的目标作为对员工考评的依据，从而使员工个人的努力目标与组织目标保持一致，最终促进企业目标的达成。

5.3.1 MBO 考核法的特点

目标管理（MBO）是一种管理程序，它使组织中的上级与下级一起协商，根据使命确定一定时期内组织的总目标，由此决定上、下级的责任和分目标，并把这些目标作为经营、评价和奖励每个单位和个人贡献的标准。MBO 考核法是建立在目标管理之上的一种考核方法，它的主要内容有以下几点。

| 管理就是做考核
只有考核到位，管理才会高效

1. 要有目标

一个组织总目标的确定是目标管理的起点。因此，目标管理法首先要设定战略性的整体总目标。然后，由总目标分解成各单位、各部门和每个人的具体目标。总目标、分项目标、个人目标，上下贯通，彼此制约，形成一个连锁的目标体系。各级目标通过不同的工作活动和贡献，实现组织的总目标。

2. 周密计划

目标管理必须制定出完成目标的详尽、严密的计划，包括目标的订立，实施目标的方针、政策以及方法、程序的选择，使各项工作有依据，循序渐进，使各方面的行动集中于目标。

3. 相互为用

目标是由组织制定、核准并监督执行的，是组织行动的纲领。目标从制定到实施都是组织行为的重要表现，它既反映了组织的职能，又反映了组织和职位的责任与权力。目标管理实质上是组织管理的一种形式、一个方面。目标管理使权力下放，可以充分调动员工的积极性，激发员工的聪明才智。

4. 管理意识

目标管理强调员工参与，通过管理者与员工协商，达成共识，制定工作目标。整个过程有利于提高员工的管理意识，使员工认识到自己既是目标的制定者，又是目标的执行者，只有实现自己制定的个人目标，才能实现部门单位目标，进而实现组织的整体目标。

5. 有效配合

考核、评估、验收目标执行情况，是目标管理的关键环节。缺乏考评，目标管理就缺乏反馈过程，实现目标的愿望就难以达到。

目标管理考核法的优点是评价标准直观、可测量，能直接反映员工的工作内容，操作起来比较简单；同时，它将企业的总目标逐级分解，使员工个人的努力目标与组织目标保持一致，实现起来更容易。

其次，目标管理是员工共同参与、领导者与下属之间双向互动的过程，有利于提高员工工作积极性，增强责任心和事业心，改进组织结构的职责分工，减少管理者将精力放到与组织目标无关的工作上的可能性。

目标管理考核法的缺点是企业在发展过程中，面临着诸多不确定因素，目标设定存在难度；目标分散在不同部门、不同员工之间，很难对其工作绩效进行横向比较，也不能为以后的晋升决策提供依据；在目标划归过程中，容易导致授权不足与职责不清等缺陷；只强调结果的实现，即目标达成，容易忽视过程控制。

▶5.3.2 MBO 考核法的实施步骤

MBO 考核法的实施是一项系统的工程。要想确保这项系统工程发挥应有的功效，必须坚持它特有的实施步骤（见图 5-8）。

| 管理就是做考核
| 只有考核到位，管理才会高效

图 5-8 MBO 考核法的实施步骤

1. 设定目标

设定企业整体战略目标是目标管理法的第一步。下面这个寓言很好地阐述了好目标的重要性。

有一匹马和一头驴，它们是好朋友。马被选中前往印度取经。17 年后，马驮着佛经来到磨坊见它的朋友驴。

马谈起这次旅途的经历：浩瀚无边的沙漠、高耸入云的山峰、炽热的火山、奇幻的波澜、神话般的境界……

驴听了大为惊异，感叹道："多么丰富的见闻呀！那么遥远的路途，我连想都不敢想。"

马说："其实，我们走的距离大体是相同的，当我向印度前进的时候，你也一刻没有停步。不同的是，我有目标，且始终如一地向目标前行，所以我走进了一个广阔的世界。而你被蒙住了眼睛，一直围着磨盘打转，所以永远也走不出狭隘的天地……"

马和驴最大的差别在于马有目标，驴没有目标，最终导致了不同的结果。

第5章 用好考核工具，让目标在执行中不走样

目标在 MBO 考核法的实施过程中具有非常重要的作用。如果没有目标，那么 MBO 考核法就是一场空谈。值得注意的是，企业或团队的目标不等于员工个人的目标。员工个人的目标应该是企业总目标经过分解之后的目标，而且好的个人目标一定要结合企业的长远发展和员工的特点来制订，这样才能确保得到最好的执行。

2. 分解目标

要根据企业的使命和长远战略，重新审查现有的组织结构，合理评估下属的工作能力，耐心倾听下属意见，明白好目标具有的特征，如清晰、明确，可评估，有挑战性，有优先顺序，有统一性，有充分的激励作用等，然后通过科学的制度和程序，畅通地交流和沟通，确立责任明确的分目标。

3. 实施目标

目标管理法强调自主、自治和自觉，但是，这并不表示管理者可以放手不管。相反由于形成了目标体系，牵一发而动全身，一环失误，可能满盘皆输。因此，在目标实施过程中监督是不可缺少的。管理者应定期检查实现目标的进展情况，并向有关单位和个人反馈。

4. 评估目标

通过对执行成果的评估，使员工及时获知结果，根据目标衡量业绩，实现自我管理和控制，有利于管理者对管理行为及时做出最佳调整。

5.3.3 企业战略目标制定的方法

企业战略目标的制定是目标管理的关键。在实际操作中,我们可以采用以下三种方法。

1.5P 模型

5P 模型是指采用计划、模式、定位、观念、计谋五要素来制定企业战略目标的方法。它是由管理学大师亨利·明茨伯格提出的。关于 5P 模型,我们可以用一个图直观地描述出来(见图 5-9)。

图 5-9 明茨伯格的 5P 模型

第5章　用好考核工具，让目标在执行中不走样

（1）计划 (Plan)

计划是一种有意识、有预计、有组织的行动程序，主要解决一个企业如何从现在的状态达到将来位置的问题。

战略主要为企业提供发展方向和途径，包括一系列处理某种特定情况的方针政策，属于企业"行动之前的概念"。

由此可见，企业战略需要满足两个本质属性：战略是在企业发生经营活动之前制定的，以备人们使用；战略作为一种计划是要写进企业正式文件中的。当然不排除一些不公开的、只为少数人了解的企业战略。

（2）计谋 (Ploy)

计谋是指战略不仅仅是发生经营活动之前的计划，还可以在特定的环境下成为活动过程中的手段、工具和计策。

例如，得知竞争对手想要开拓海外市场时，某企业便提出了"走出去"战略。由于该企业资金雄厚、创新能力强、品牌认知度高，竞争对手经过系统分析后，自知在海外市场营销上不占优势，便有可能放弃最初设想。然而，即便对手放弃了原计划，该企业却并不一定要将"走出去"的战略付诸实施。因此，这种战略只能称为一种在竞争博弈中威胁和战胜竞争对手的计谋。

（3）模式 (Pattern)

模式是指战略可以体现为企业一系列的具体行动和现实结果，而不仅仅是行动前的计划或手段。即无论企业是否事先制定了战略，只要有具体的经营行为，就有事实上的战略。

例如，福特汽车公司总裁亨利·福特要求将"T型"福特汽车漆成

黑色的行为，小米要求生产智能手机的行为，乐视研发可用手势体感操控的电视的行为等，都可以理解为一种战略。

企业行为模式是在历史中形成的，因此，在制定企业战略过程中必须了解企业发展史，充分考虑并尊重企业原有的行为模式，因为它会在很大程度上决定企业未来战略的选择和战略实施的有效性。若要改变企业的行为模式，必须充分认识到推行这种变革的难度。

（4）定位 (Position)

定位是指一个组织确定其在所处环境中的位置。对企业而言就是确定自己在市场中的位置。

企业应充分考虑外部环境，特别是行业竞争结构和企业行为对效益的影响，根据竞争者现有产品在市场上所处的位置，针对顾客对该类产品某些特征或属性的重视程度，正确配置资源，为本企业产品塑造与众不同的形象，并将这种形象生动地传递给顾客，从而使该产品在市场上确定适当的位置，在消费者心目中占有特殊的地位。

（5）观念 (Perspective)

观念是指战略表达了企业对客观世界固有的认知方式，体现了企业对环境的价值取向和组织中人们对客观世界固有的看法，进而反映了企业战略决策者的价值观念和组织成员的期望。

企业战略决策者在对企业外部环境及企业内部条件进行分析后做出的判断就是战略。因此，战略是根据客观条件做出的主观判断。当企业战略决策者的主观判断符合企业内外部环境的实际情况时，所制定的战略就是正确的；反之，企业战略就是错误的。

2. 波特五力分析模型

五力模型是哈佛大学商学研究院著名教授、竞争战略之父迈克尔·波特提出的。他认为行业中存在着决定竞争规模和程度的五种力量，这五种力量综合起来影响着企业的竞争力（见图 5-10）和企业战略目标的制定。

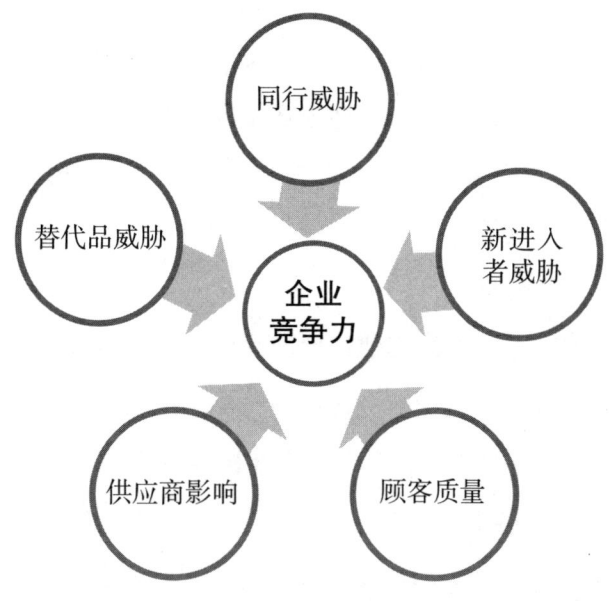

图 5-10 波特五力分析模型中的五种力量

（1）同行威胁

每一个企业都必须面对同行竞争带来的威胁和压力。有众多势均力敌的竞争者，会降低企业的市场竞争力，进而影响企业战略目标的制定。比如目前智能手机市场竞争激烈，获利越来越困难，企业就有可能转向其他行业。

(2) 新进入者威胁

新进入者,往往是带着市场占有欲望的,有可能会与现有企业发生市场份额竞争,最终导致现有企业盈利水平降低,严重的话还有可能危及这些企业的生存。企业可以通过分析进入障碍及现有企业对进入者的反应情况,了解新进入者对市场的威胁,进而调整战略目标。进入障碍主要包括规模经济、产品差异、资本需要、转换成本、销售渠道开拓、政府行为与政策、成本劣势、地理环境等方面,其中有些障碍是很难借助复制或仿造方式来突破的,有些则取决于厂商的财力情况、企业规模、行业增长速度等。

(3) 替代品威胁

如果企业产品可以被其他低价产品所替代,那么市场竞争力会大打折扣,战略目标也会受影响。比如糖精从功能上可以替代糖,飞机远距离运输可能被火车替代等,都会对企业构成威胁。

(4) 供应商影响

供应商的变化会引起成本变动,特别是原材料由低价转向高价时,会引起成本增高,削弱市场竞争力,影响企业战略目标。比如钢铁价格上涨,会带来汽车制造企业成本增高,使原定战略目标的实现难度加大。

(5) 顾客质量

通过顾客质量分析顾客的购买力及对市场的影响。比如说高收入群体往往意味着高购买力,带来的市场也相对有竞争力。

第5章 用好考核工具，让目标在执行中不走样

比如拥有高收入群体的奢侈品制造商，其战略目标和以工薪阶层为主要客户群体的制造商的战略目标肯定是不一样的。

5.4 PIV 全面考核，四个方位评估

PIV 考核法，即 360 度考核法，又称全方位考核法，最早被英特尔公司提出并加以实施运用。是指通过自我评估、上级评估、客户评估、下级评估、同事评估来评定绩效水平的方法（见图 5-11）。

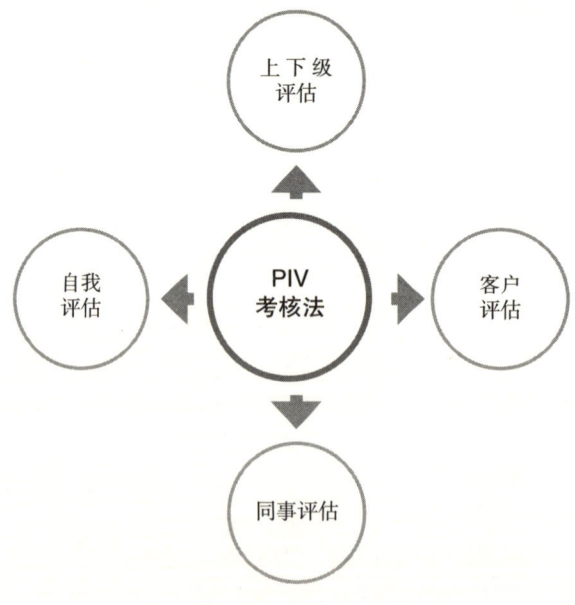

图 5-11 PIV 考核法的评价维度

5.4.1 PIV 考核法的特点

关于 PIV 考核法,我们需要了解以下几个特点。

1. 上级评估

上级评估是指由被考核者的上级领导来执行考核评估工作。上级评估具有目标导向明确、了解业务内容、受考核者个人主观影响明显等特点。

2. 下级评估

下级评估是指由与被考核者直接接触的下级,对被考核者的工作能力、执行能力、领导能力等做出评估。下级评估有助于被考核者发现管理中存在的问题,培养民主作风。

3. 客户评估

客户因为和企业有经济往来,往往与被考核者交往密切,能够经常观察到被考核者的行为,也因此成为绩效考核信息的重要来源。客户评估可以使考核者获得来自组织外部的评价,从而保证考核结果的公正。

4. 同事评估

同事间一起工作,彼此沟通,相互了解,评价会比较客观,有利于彼此的工作进步。

5. 自我评估

指被考核者本人对自己的工作表现进行评价和反省。自我评估有利于更好地认识自己，发挥长处，补充自己尚待开发或不足的潜能，提高自我意识。

6.PIV考核法的优缺点

优点：打破了由上级考核下属的传统考核制度，突破了考核方法的单一性，从上级、下级、同事、客户及其本人，多角度、全方位进行考核，避免了传统考核中极容易发生的"光环效应""居中趋势""偏紧或偏松""个人偏见"和"考核盲点"等现象，提升了考核的全面性和公正性。

PIV考核法多角度收集信息，多角度反映被考核者的优势、不足，为被考核者的职业发展提供更加全面的意见，有利于实现个人规划与企业战略的匹配。

在PIV考核法实施过程中，各级员工都有可能参与其中，这种全员参与的形式，有利于提高员工参与意识，增强归属感，激发工作积极性。

缺点：需要收集并处理多方意见，动用多人参与考核，会耗费很多时间与财力，增加考核成本。自我评估很难对自己的工作做出准确的评价，失去考核的科学性和可信度。

PIV考核法涉及到员工之间的评价，主观性较强，如果某些员工将工作问题上升为个人情绪，可能会使考核结果的客观性大大降低。

5.4.2 PIV 考核法的实施流程

在实施 PIV 考核法时，需遵循以下几个步骤（见图 5-12）。

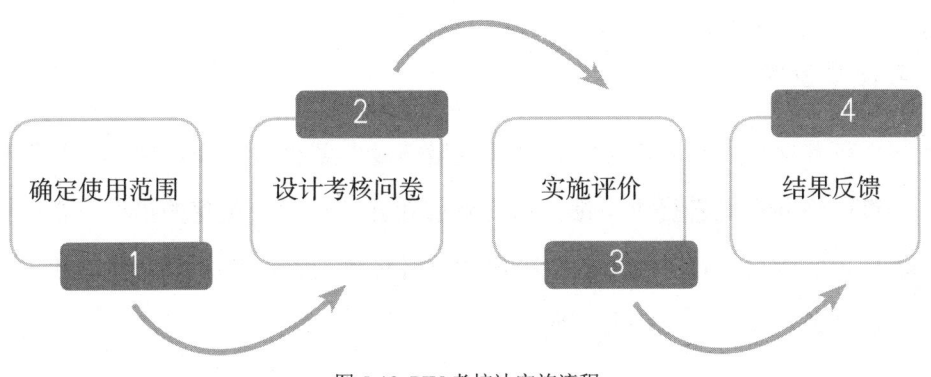

图 5-12 PIV 考核法实施流程

1. 确定使用范围

PIV 考核法涉及到员工自己、上司、同事、下属、顾客，比较全面，但并不是所有考核对象都适用这种方法，只有确定其使用范围，才能将有限的资源在已经确定的范围内发挥出最大的作用。如果公司内部员工之间互相信任程度较低、对彼此的工作不熟悉，最好不要采用 PIV 考核法。

2. 设计考核问卷

确定使用范围后，考核部门要设计考核问卷。通常情况下，采用等级量表、开放式问题，或综合以上两种方式的问卷形式设计考核问卷。问卷内容一般为与被考核者工作情况密切相关的行为或共性行为。

3. 实施评价

企业选择与被考核对象有联系的人作为评价者，进行评价。一般情况下，采用匿名评价方式。

4. 结果反馈

在考核完成以后，企业管理部门应该及时就评价的公证性、完整性和准确性向评价者提供反馈，指出他们在评价过程中所犯的错误，帮助他们提高评价技能；同时也要向被考核者提供反馈结果，帮助他们找出不足之处，提高职业能力水平。

▶5.4.3 PIV 考核法实施的注意事项

虽然 PIV 考核法是一种比较全面的绩效考核方法，但因为要将评价权利赋予不同的人员，由此产生的主观性偏见等不足之处也不容忽视。因此，操作者在实施过程中，要注意以下几个事项（见图 5-13）。

1. 防止一刀切

管理部门应该根据企业所处的生命周期、业务类型、工作关系来确定是否适合用 PIV 考核法，要防止一刀切。一般说来，高科技结果导向企业、初创期企业及业务往来较少、对彼此工作不熟悉的人员不宜采用 PIV 考核法。

第5章 用好考核工具，让目标在执行中不走样

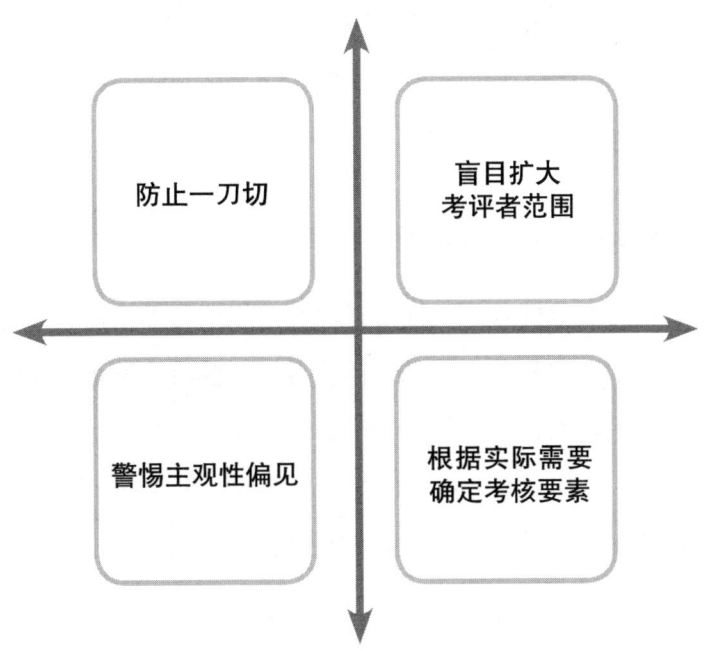

图 5-13 PIV 考核法的注意事项

2. 盲目扩大考评者范围

PIV 考核法将评价的权利赋予个人，但是，这种权利界限的划分在企业中十分微妙。到底哪部分人应该赋予，哪部分人不应该赋予，很容易产生不平衡。特别是当大家都处于同一层级的时候，不平衡心理更加明显。这时候，考核的组织者也许会被迫扩大考评者的范围，使许多并不熟悉被考评者的人参与考评，造成考核信息失真。

3. 警惕主观性偏见

人都有主观性。作为考核的实施者，在给考核对象评分时，应尽量控

制好自己的主观性，尽可能地给出公正、客观的评价。不能对考核对象怀有偏见，否则，这样的评估是很难保证客观性的。最终，考核出来的结果也不会令人满意。

4. 根据实际需要确定考核要素

不同级别的被考核者的考核要素、考核周期是不一样的。比如高层管理者的考核要素包括目标意识、风险意识、模范表率、决策水平、协调能力等，适用较长的考核周期；一般员工的考核要素包括责任感、主动性、纪律性、工作效率、业务技能等，考核周期会短一些。

表 5-11 是某公司给员工设计的 PIV 考核表。供参考。

表 5-11 员工 PIV 考核表

被评价者人姓名		部门		评价人：上级、内部客户、同事、下级				
项目		考核内容		得分				
				优	良	合格	差	很差
综合素质	工作态度	工作严谨：对待本职工作、指派的工作、同事合作的工作一贯认真仔细，很少出差错						
		工作响应：对工作衔接部门、联系人的要求或建议能及时响应和给予反馈						

第5章 用好考核工具，让目标在执行中不走样

续表

被评价者人姓名			部门	评价人：上级、内部客户、同事、下级				
项目		考核内容		得分				
				优	良	合格	差	很差
综合素质	工作态度	职务知识：职务知识丰富，能处理大多数专业问题						
		积极主动：遇到问题能积极寻找合适的工作方法，而非被动服从或推给上司						
		工作热情：工作热情高涨，时间管理运用适当						
	责任	细心程度：工作认真细致，极少犯错						
		责任心：勇于承担责任，以大局为先，不计个人得失						
		承受力：在工作压力大和遇到批评指责时能坦然面对和接受，不发牢骚或是失去勇气和信心						
	关注细节	认同感：能够认同和维护本公司的文化与理念，不发表有损公司形象或不利于公司团结的言论，并能适时制止他人						

管理就是做考核
只有考核到位，管理才会高效

续表

被评价者人姓名		部门	评价人：上级、内部客户、同事、下级				
项目		考核内容	得分				
			优	良	合格	差	很差
综合素质	关注细节	分析判断：能主动地收集与工作有关的信息，并及时提出合理有效的建议					
		自觉节约：能自觉节约并有效提醒同事控制各项办公费用与开支，爱护公司财产					
	执行	执行力：对领导交办的工作能不打折扣地实现既定目标；及时完成指派或合作完成的各项工作，质量较高					
		计划性：能习惯性地按照既定计划，有条理地开展与完成本职工作					
	沟通	沟通能力：与他人就某事项进行沟通时，能很快达成共识，并注意倾听和采纳他人的意见和建议					
	团队协作	协调组织能力：能充分有效地组织和利用各方面的资源，完成各项工作					
		团队合作性：与他人合作时，能够主动帮助和理解他人，坚持工作原则的同时也能处理好人际关系					

第5章 用好考核工具，让目标在执行中不走样

续表

被评价者人姓名		部门	评价人：上级、内部客户、同事、下级				
项目		考核内容	得分				
			优	良	合格	差	很差
工作职责发挥		原则性：坚持原则，顾全大局，忍辱负重，及时处理各类突发事件					
		条理性：内、外部培训内容及培训资料齐全；施工、物资管理文档资料齐全、可查询					
		厉行节约：厉行节约有措施，有数据，可查性高					
		公正性：员工绩效考评公正、公平，有标准					
		全局观念：工作协调能力、全局管理互补意识强，工作行为和管理理念受到领导表扬					
总体评价							
备注：评价人根据自己与被评价人的关系，在相应的角色上打勾。比如，被评价人是你的下属，那你就在上司上打勾，表明这份表格是上司做出的评价							

> **管理就是做考核**
> 只有考核到位，管理才会高效

5.5 OKR 统御目标，实现"上下同欲"

目标与关键成果（OKR）考核法由 Intel 公司发明，是一套定义和跟踪目标完成情况的管理工具和方法，广泛应用于 IT、风险投资、游戏、创意等以项目为主要经营单位的企业。

OKR 考核团队在一定周期内为企业、团队、个人设定战略目标服务，在每一个周期结束的时候，OKR 考核团队会对团队目标的执行和完成情况进行评估。

1. 基本要求

（1）最多 5 个目标，每个目标最多 4 个关键结果。

（2）OKR 是可量化的时间、数量，不能将其说成"使 APP 达到成功"，而是说"在 10 月上线 APP 并在 12 月有 200 万用户，或者用户数量提升 50%"。

（3）目标是有野心和挑战性的，完成不可能的任务的 65%，比完成普通任务的 100% 更好。一般来说，1 为总分的评分，达到 0.6~0.7 是

第5章 用好考核工具，让目标在执行中不走样

不错的表现。可以激励员工不断为目标奋斗，而不会出现期限不到就完成目标的情况。如果分数低于0.4，就需要思考究竟什么才是最重要的，这个项目有没有必要继续进行下去，只有在OKR仍然很重要的情况下，才能持续为它而努力。

（4）每个人的OKR在全公司都是公开透明的，让所有人都能快速明了地看到在做什么，成绩怎么样。

（5）60%的目标最初来源于基层，必须通过协商，而不是任何命令形式，这样才能保证每个人都朝同样的目标行进。

2. 优点

（1）OKR考核法化被动为主动，让员工敢想、敢做，使沟通更加顺畅，让每个人都知道什么是最重要的，让员工集中精力为关键事件努力。

（2）OKR中的Key Result只是用来服务Objective，不像KPI那样需要强制执行，只要它们还是服务于原本的Objective，员工可以在做的过程中随意更改Key Result，这样有助于发挥员工的能动性。

（3）OKR考核法将公司战略和目标以一种接地气的方式清晰地传达给员工，加强了企业目标的牵引效果，能帮助员工看清公司的发展蓝图，从而思考能为公司的发展做些什么，最终统一军心，向着统一目标进发。

（4）OKR考核法的透明管理方式，让工作目标、内容、结果都公开化，监督作用明显，有效减少消除消怠工现象，让员工的思想和步伐跟

得上公司、团队目标。

3. 示例说明

例如，滴滴打车 2017 年第一季度的目标是公司营业收入达到 1000 万元。

Objective 设定为：招募更多的司机，所有地区的司机基数提升 20%，所有活跃地区司机的平均工作时长提升至每周 70 小时。

Key Results 设定为：

提升上海的覆盖率至 100%，XX 月 XX 日完成；

所有活跃城市的覆盖率提升至 75%，XX 月 XX 日完成；

交通高峰期，所有覆盖地区的每次接客时间将提至 10 分钟以下，XX 月 XX 日完成；

提升司机的满意指数至 75% 以上，XX 月 XX 日完成。

第6章
量化考核办法，让管理不再棘手

为什么很多公司抓考核抓了很多年，考核所起的作用还是微乎其微，就像没有考核一样？为什么考核流于形式？很重要的一个问题是考核缺乏量化指标，导致考核结果趋同化，不能反映出各个员工的实际情况。因此，要想让考核真正发挥实效，就离不开量化考核办法。

管理就是做考核

只有考核到位,管理才会高效

6.1 指标不量化,管理无效果

管理中常常出现这样的情况:同样的工作,不同的下属会执行出完全不一样的结果,或者出现让照办的事情没有照办,让抓紧办的事情,抓而不紧,让办好的事情,办不好。总之一句话,未能达到管理者预想的效果。

为什么会出现这种情况?究其原因,是因为量化考核不到位,导致下属在工作中缺少时量、数量、质量意识,以"当一天和尚撞一天钟"的心态对待工作,钻空子,撂挑子,工作自然没有效果。

例如,某管理者想让下属送一份文件到会议室,并告诉下属:"这件事非常着急,需要立刻去办"。可是第二天下属才将文件送来,并且送到的文件也不是管理者需要的。管理者大发雷霆,将下属责备一番。下属感到很委屈,辩解道:"你并没有规定什么时候把文件送到,也没有指明要那份文件,我认为拿你桌面上那份文件没错,今天送到也不晚"。

布置工作时,管理者如果缺乏"量化"意识,没有使用带有可量化的词语,只是使用难以量化的程度副词,那么下属在执行中就会出现一

第6章　量化考核办法，让管理不再棘手

人一个结果，或者出现完全达不到管理者预想效果的问题。因此，诸如赶快、抓紧、马上、及时、完美等不确定的指标，最好不要出现在考核中。

上述故事中，管理者如果将任务描述为：你今天下午两点之前把20份装订好的文件送到会议室。下属会在脑海中形成"时量"——下午两点之前；"数量"——20份文件；"质量"——装订好的文件，这样在执行中就可以到位。反之，取消任何一个量，都可能出现偏差，让管理失去效果。

再比如，某公司的规章制度中有这样一条规定：工作尽职尽责者，发放奖金100元。可是对员工来说，究竟怎么样才算尽职尽责，不得而知。于是，员工在上班时间玩游戏、睡觉、喧哗、脱岗办私事、找人替岗，导致公司工作氛围极差。其实，只要将工作内容量化并做出具体规定，如尽职尽责的考核标准为：每月要完成多少量，达到什么要求。员工心中对工作的数量、时间和质量有了掌握，就会产生紧迫感，努力提高工作效率，断不会出现脱岗、睡觉等现象。

管理其实是一门通过别人完成任务的艺术。管理者水平的高低，不在于能让高素质的员工把事情办好，更重要的是通过科学的指导，合理的工作定额，让素质一般的员工把工作做好，让每一位员工在执行同一项命令时，能够按照管理者的意识，把工作保质、保量、按时完成好。

"凡是能够衡量到的，就能够做得到。"这是管理中常说的一句话。事实上，这也是管理者制定考核方案的出发点，将一切可量化的指标量化，用可衡量的指标来支持目标的实现。

| 管理就是做考核
| 只有考核到位,管理才会高效

6.2 量化考核五原则

量化考核将数理统计方法引入考核中,将整个考核内容分解成若干指标,以定量的形式为考核提供可衡量的依据,使考核更为准确、公正,尽可能排除和纠正主观评价的偏颇,更具指导性。

麦当劳董事长兼 CEO 吉姆·坎塔卢波先生是这样评价他成功秘诀的:"无论何时何地,无论何人来操作,产品无差异,品质无差异,人们有严格的量化操作手册"。

这就是麦当劳成功的法宝,也是麦当劳基业长青的武器。比如麦当劳规定:牛肉原料必须挑选精瘦肉,牛肉由 83% 的肩肉和 17% 的上等五花肉精制而成,脂肪含量不得超过 19%,绞碎后,一律按规定做成直径为 98.5 毫米、厚为 5.65 毫米、重为 47.32 克的肉饼。以此为标准考核员工,就不会出现品质问题。

再比如说真功夫为了保持"蒸"式快餐的口味,对员工的每个动作都进行量化,如切肉的刀举多高,切下的肉块有多大,包子上有多少条褶,并组织专家观察劳动能手的操作流程予以记录、细化、分析、优化，最后变成量化的书面流程和考核制度，形成企业核心管理能力。

量化考核应该把握下面五个原则，见图 6-1。

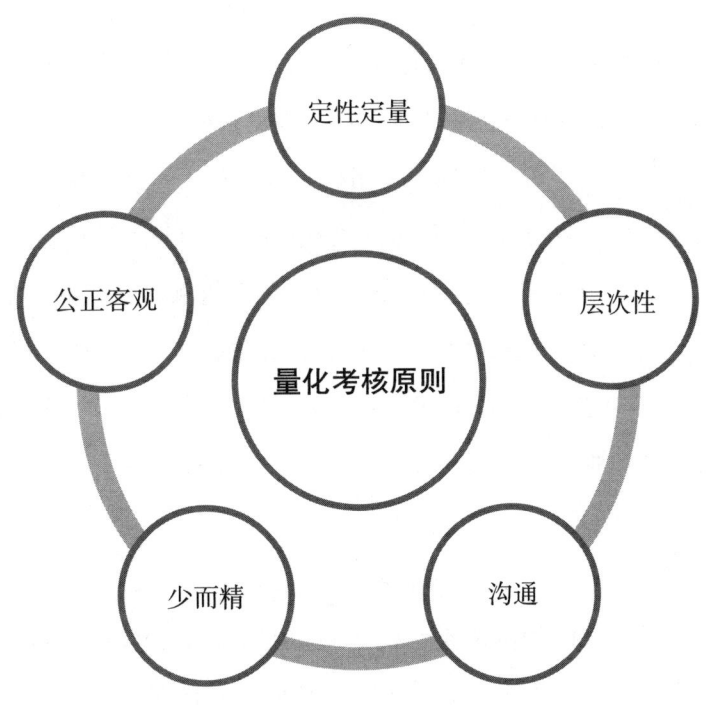

图 6-1 量化考核五原则

1. 公正客观原则

量化考核要遵循公正性和客观性原则，考核数据要建立在客观事实的基础上，确保考核数据的来源准确可信；严格遵循考核标准，做到用事实说话，针对客观考核资料进行评价，避免掺入主观性和感情色彩；考核过程中做到把被考核者与既定标准做比较，而不是在人与人之间进

> **管理就是做考核**
> 只有考核到位，管理才会高效

行比较，杜绝感情色彩。

2. 少而精原则

少而精原则是指量化指标的数量，即在设定考核指标时，不要设置太多的指标，而要选择一些能够说明问题的关键指标，从而达到减少指标数量的目的。举个例子说，能用5个指标来考核员工，就不要用10个、20个去考核，否则，会陷入指标过多，关键指标占比过小的困境之中。

比如，某公司对销售的考核量化标准有销售额、回款额、新客户开发数量、老客户维护数量、每周客户拜访数量、每月客户回访数量、电话呼出量、客户投诉量等20多个指标，导致销售员在众多标准的重压之下，每日心惊胆战，如履薄冰，不敢在销售渠道上有所创新。

3. 沟通原则

每个人对考核的理解都不一样。例如，工作能力差的人可能会认为按照人头考核，计算薪酬比较合理；工作时间长的员工则认为按照工作时间的长短来考核绩效，计算薪酬十分合理；工作能力强的人则更愿意按照工作量来考核。

因此，要想制定出合理的量化考核办法，必须做好沟通，让员工参与到考核办法制定中来。

金坎普·吉列（美国吉列公司创始人）1861年辍学后，在一家瓶盖公司做推销员。当时的美国，企业很多机制都不健全。这家公司也没有合理的考核机制，老板只是根据员工上班的时间发放薪水。这样一来，员工签完到，拿着产品就出门了。由于缺乏监督机制，没有制定考核标准，月底都给员工固定的薪水，所以很多员工偷懒不去推销，甚至有人出了公司便钻进酒馆里喝酒。

这种现象被吉列看到了，于是便向老板提出一个建议：根据员工每天卖出去的产品数量发放薪水，数量多则薪水高，数量少则薪水低。

吉列的这个考核建议很快得到了老板的认可，一段时间后，该公司的效益突飞猛进。

从这个故事中，我们可以看出员工参与的重要性。

实践中，在考核办法制定前，应该向员工说明制定这一量化考核制度的意图，并征求下属意见；制定中，要把握人性化因素，坚持以人为本，认真对待反馈意见，将各种意见进行系统整理，从中抽取有价值的成分反复修改完善；生效后，也要为员工保留发表意见的权利，把制度运行过程中员工的意见积累起来，以利于完善下一个周期的制度。

4. 层次性原则

在对考核指标的量化设计上要体现层次性原则。比如公司内部职能人员在工作责任、工作目标和工作任务上存在着很大的差异性。这些差异性的存在决定了在实施量化考核时，必须根据实际情况设置不同的考核指标体系。

比如财务人员的工作任务一般是成本核算、记账报账、现金支票管理等；行政人员的工作任务则是沟通协调，落实公司规章制度，加强对各项工作的督促和检查，内外联系等。二者的工作任务完全不一样，其量化的指标也不同。

5. 定性定量结合原则

在企业考核中，存在一些无法量化的考核标准，如工作态度、人际交往能力、忠诚度、协作能力等，这时候，就要把定量和定性考核结合起来，使考核结果评价尽可能地做到客观、公正和准确。

另外，不能为了完成量化考核指标而降低工作质量，否则会有严重的负面影响。

索尼一度是世界上民用及专业视听产品、游戏产品、通信产品核心部件和信息技术等领域的先导之一，曾创造了无数引领全球的潮品，如随身听 Walkman、VAIO 笔记本电脑、PlayStation 系列游戏机等，就像如今的 iPad、iPhone 一样令人痴迷。如今，这家富有传奇色彩的企业风光不再，经营连年亏损，产品创新乏力，员工逐渐失去工作热情，公司只能通过不断卖楼裁员、剥离资产填补现金流缺口，其曾经不可一世的消费电子产品也被贴上"老古董"的标签。

为什么会这样？索尼公司前常务董事天外伺郎在《绩效主义毁了索尼》一文中写到：为衡量业绩，公司将各种工作要素量化；为统计业绩，公司花费了大量的精力和时间，而在真正的工作上却敷衍了事，出现了本末倒置的倾向。

过于强调量化指标，使员工为了完成工作数量而降低工作质量，追求眼前利益的倾向泛滥，索尼的激情与创新精神也在量化考核中被忽视，曾经的电子帝国日渐衰败。

索尼的量化考核结果发人深思。量化考核犹如双刃剑，用得好，企业、员工双方得利；用不好，伤人伤己。因此，把握原则很重要。

> **管理就是做考核**
> 只有考核到位,管理才会高效

6.3 数字量化法,明确考核数量

数字量化,是指用数据来描述员工的工作业绩,如个人或部门完成产品生产的数量,月度、季度、年度销售额等。

某家居零售企业经过数年发展,员工人数近 3000 人,总营业面积达 20 万平方米,囊括了家具制造、销售、家装设计、施工、展销等各个环节,已成为省内最大的家居集团公司。随着企业的扩大,各种问题日渐凸显。特别是员工工作积极性差,流失率居高不下,已严重影响到公司的发展。基于此,该公司领导聘请了专业人力资源管理机构,帮助企业完善绩效考核管理体系。

外聘的人力资源机构经过实地走访发现:公司的工作人员积极性都很低,基本上都处于等待领导布置工作,或者等待客户上门咨询的状态。很多员工甚至在工作期间聊天,玩游戏。翻看该公司的管理手册,对员工的工作要求大多非常笼统,如工作要积极主动,按时完成领导交办的任务,努力提高销售业绩等。

在这些空泛的指标要求下,员工散漫松弛实属正常,因为他们没有

第6章 量化考核办法，让管理不再棘手

办法界定指标的程度，自然工作不用心。外聘的人力资源机构从各个岗位的核心工作职责出发，从业绩、服务、效率等多个维度设置了量化的考核指标，如将及时性转化为延迟次数，将服务质量转化为客户好评率和投诉率，将销售额转化为销量增长率，将努力转化为工作完成量。并将上述量化的指标和薪酬挂钩，依据考核结果，评价绩效工资的发放。

指标量化后，工作要求通过具体的数据体现出来，清晰明确，员工也感到了压力，进而产生紧迫感，有助于培养高效的工作习惯。

数字量化法常用指标如表6-1。

表6-1 数字量化法常用指标

考核维度	量化指标
工作量	如销售额、产量、计划达成率、次数、产值
工作质量	如合格率、优良率、次品率、通过率、返修率、盈利水平
工作效率	如劳动生产率、及时率、周转速度、服务效率
业务管理	如完成率、达成率、利润率、成本控制率
员工管理	如投诉率、出勤率、离职率、满意度水平

表6-2是某公司对销售部门采用的数字量化法评价标准。

管理就是做考核
只有考核到位，管理才会高效

表6-2 某公司对销售部的数字量化考核指标

考核指标	销售额完成情况			
指标定义	考核销售额完成情况，用实际回款额除以年初设定的销售目标			
完成情况	完成率≥90%	90%＞完成率≥80%	80%＞完成率≥60%	签订率＜60%
得分	9~10分	8~9分	5~6分	0~4分

6.4 行动量化法,行为必须遵循规范

企业在考核中往往存在这样的困惑:业务部门有销售额、利润率、回款额等容易量化的指标,工作结果比较容易衡量,但对于人力资源、行政、财务、后勤等从事基础支持工作的职能部门来说,很难用具体、明确的数字来衡量。究竟要如何量化呢?

对于不能量化的考核项目,不妨将其流程化或行为化。

例如,某公司采用行动量化法,对财务部人员档案资料传递的及时性做出明确规定(见表6-3)。

表6-3 某公司财务部的行动量化考核指标

名称	指标定义	评价标准	信息来源
会计档案资料传递、归档的及时性	该指标考核各种凭证(原始凭证、会计凭证)、各种表单(入库单、出库单、采购单、银行代扣明细表、纳税申报表等)、各种报告(财务报表、评估报告、审计报告等)以及经济合同档案、会计账簿等会计资料传递、归档工作情况	该项指标满分为10分。相关资料未能及时传递到有关岗位,扣减6分;若有关资料处理存在疏漏或错误现象,根据实际情况扣减2~4分;若给公司带来损失,该项指标得分为0	财务部

再如,某公司基层人员的行为评估表(见表6-4)。

表6-4 某公司基层人员的行为评估表

评价要素	评价标准					评价尺度				
	优秀	良好	合格	有待改进	不合格	优秀	良好	合格	有待改进	不合格
责任心	责任心强,清楚地知道自己的责任,并积极承担	对任何事情都具有强烈的责任感,勇于挑战	有一定的责任心,能对自己的工作负责	责任心时好时坏,多数情况下缺乏责任心	消极被动,不负责任或逃避责任	6分	4分	3分	2分	0分
团队合作	重视团队合作,主动与他人沟通、协作,并积极协助团队成员工作	主动与他人合作,获得团队成员或其他部门的认可与好评	能与他人合作,友好相处,对人态度良好	只考虑本职工作,对其他事情不闻不问	对团队成员缺乏信任,自我意识强烈,凡事只求自己方便	6分	4分	3分	2分	0分
纪律性	公司利益高于一切,遵章守纪	遵守规章制度,服从上级安排	遵守规章制度,服从上级安排	有时违反规章制度,基本服从上级安排	不遵守规章制度,不服从上级安排	6分	4分	3分	2分	0分
原则性	公司利益至上,是非分明,原则性较强,能开展批评与自我批评	原则性强,敢于坚持,能够同违法乱纪的现象做斗争	大多数时候能坚持原则	原则性一般,有时为了情面放弃原则	原则性差,会为了个人利益拿原则做交易	4分	3分	2分	1分	0分

第6章 量化考核办法，让管理不再棘手

续表

评价要素	评价标准					评价尺度				
	优秀	良好	合格	有待改进	不合格	优秀	良好	合格	有待改进	不合格
服务意识	能准确把握客户需求，为客户提供全面、高质量的服务，客户满意度高	能在维护公司形象的前提下，将客户利益放在第一位，并在业务范围内保证客户有较高的满意度	清楚了解内外部客户的需求，主动为客户提供服务	根据工作职责为客户提供必要的服务，对客户需求反应慢，态度一般，服务满意度不高	缺乏服务意识，行动懒散，态度差，客户投诉多	8分	6分	4分	2分	0分
主动性	能独立完成工作，独立思考，不需要监督	能自主工作，并自动增加额外工作，极少需要监督	经常性工作无需指示；新事物需一定的监督、指导	主动性不高，需要经常对其提出指令，需要不断监督	只能照章行事，需不断提醒，时刻监督	6分	4分	3分	2分	0分

管理就是做考核
只有考核到位，管理才会高效

续表

评价要素	评价标准					评价尺度				
	优秀	良好	合格	有待改进	不合格	优秀	良好	合格	有待改进	不合格
学习能力	有强烈的求知欲和好奇心，积极参与学习活动，在工作中运用所学知识提高工作技能	注重学习，能够按要求参加与学习有关的活动，并把所学知识运用到工作中	能够按要求参加与学习有关的活动，能克服学习中的困难	能够按要求参加与学习有关的活动，但学习主动性不强，热情不高	学习主动性差，需要时刻督促	4分	3分	2分	1分	0分

6.5 时间量化法，限定时间不突破

时间量化是指用时间作为标准来量化考核员工的绩效，有助于企业对员工阶段工作的控制。

某手机制造企业，曾经是市场中的佼佼者，近年来却逐渐走下坡路，无论是产量还是销售，都被其他企业赶超。究其原因，是因为该企业产品更新换代太慢，完全跟不上消费者的新需求、新变化。比如更加清晰的摄像头、触摸显示屏键盘、简约的设计已成为现今手机的主要卖点，但这家企业的手机还停留在笨重的机身、按键操作、复杂的界面上。在激烈的市场中，产品跟不上市场的变化，就面临被淘汰的危险。

该公司产品更新换代太慢，技术研发部的工作效率是主要问题。一个产品的更新，耗时半年才完成，推出时，已经和消费者的需求脱节，导致销量一直上不去。为什么会这样？因为管理存在问题，即企业对技术员的考核没有时间和质量的要求。技术员对待工作三天打鱼，两天晒网，能拖就拖。新产品的开发速度得不到保证，自然无法跟上市场的变化。

鉴于此，公司管理者对产品的开发时限做出了量化规定，明确1个月之内必须完成产品更新，否则将影响绩效工资的发放。

该规定执行后效果极佳，再也没有出现技术员拖延时间的现象。

采用时间量化法,产品开发周期、服务响应时间、天数、完成期限是常用的指标。

例如,某公司财务部采用时间量化法,对各类资料传递与归档的时间进行了量化(见表6-5)。

表6-5 某公司财务部资料传递、归档时间表

类别	名称	责任人	接受人	时间安排
会计凭证类	核报后的原始凭证	王璐	孙兴	每月按报销时间分批传递
	已归集科目的原始凭证	孙兴	李晓	每月分批传递
	银行存款调节表	王璐	孙兴	次月5日前
	各部门现金缴款单	刘军	李晓	次月10日前
	记账凭证	李晓	王璐	次月12日以前
	会计凭证	王璐	孙兴	次月15日以前
财务报告类	月度财务报告及相关文字分析材料	宋娜	孙兴	次月10日前
	季度财务报告及相关文字分析材料	宋娜	孙兴	每季度末至次月10日前
	年度财务报告及相关文字分析材料	宋娜	孙兴	每年末至次月15日前
	各类审计报告、资产评估报告	李晓	孙兴	每次报告完成后15日内
其他类	银行对账单、纳税申报材料	王璐	孙兴	每月7日前
	银行代扣明细表	刘军	孙兴	次月7日前
	工资表备查簿	王璐	孙兴	每季度末至次月15日之前
	经济合同档案	王璐	孙兴	每年末12月30日之前
账簿类	会计账簿	李晓	孙兴	次年财务决算完成后

第7章
完善考核制度，让管理不再流于形式

俗话说"没有规矩，不成方圆"。对企业而言，规矩就是规章制度，是用来规范大家行为的规则、条文，是要求大家共同遵守的办事规程或行动准则。完善的考核制度是维护公平、公正的考核环境，保证考核有序进行、发挥实效的强有力武器。

管理就是做考核
只有考核到位，管理才会高效

7.1 考核制度"坐镇"，考核更轻松

万科是制度化的典范，在20多年的发展历程中，建立了一套严密的管理制度和流程，坚持制度高于一切，流程高于一切，让制度从质量、资金和人事等方方面面进行管控，实现企业的自主运转。

有一年年末，万科集团上海分公司的一个销售主任飞到深圳总部讨说法，投诉上海分公司违反人事制度把他解雇了。原来，这个销售主任和总部刚派来的销售经理发生了严重的工作冲突，销售经理在征得一同派来的副总经理同意后，解雇了这名销售主任。

公司调查后认为，上海高层的确违反了解聘流程。万科的人事制度规定：基层管理者如果在工作上犯了错误，首先应该降职，如果降职后仍然表现不好，才能将其辞退。万科依照人事制度撤销了该销售经理的辞退决定，对销售主任予以降职处理。然而该销售经理却要挟总部：如果撤销他的解雇决定，他就辞职。

万科是一家制度至上的公司，其企业文化和价值观也是忠实于制度、忠实于流程，而不是忠实于某个人。因此，该销售经理的"要挟"并没

第7章 完善考核制度，让管理不再流于形式

有被重视。

王石说："现代企业一定是制度化的"。万科在制度上做得非常细致，把很多具体事务性的工作上升到了制度层面，让制度考核员工，让制度管理企业，不但解放了管理者，也促进企业管理向专业化方向发展。

在企业管理中，制度的意义还体现在下面几个方面（见图7-1）。

图 7-1 制度的意义

1. 有助于维护考核的公平公正性

企业考核，制度是大家共同遵守的准则，也是衡量员工价值的标准。有了这个标准，考核就不会因个人主观因素而产生误差，有助于维护考核的公平公正性。

2. 提升工作效率

完善的制度能够明确每一个工作岗位的工作范围、工作标准、工作

程序、权责分配、评价标准等，有利于员工更好地了解企业，更好地规范企业的工作流程，快速找对自己的位置，清晰地知道该做什么，不该做什么，有效提升工作效率。

例如，某企业在财务制度中规定：货款账户只收不支，所有货款回笼该账户（×××），直营办事处的货款账户余额达到3000元时必须汇入公司指定账户。每月2号前各办事处要编制《办事处销售明细表》报送公司财务部。此规定有助于财务人员明确自己的工作职责，更好地规范财务工作。

3. 让考核更轻松

制定考核制度，将考核目标、考核标准、考核流程、评价机制都固定下来，有助于规范考核操作，让考核自主运行；也有助于组织的管理者及时了解员工的各种想法，解决考核中所遇到的各种问题，从而采取有针对性的对策。

4. 有助于吸引人才

企业制度建设的过程，也是提炼、凝聚和固化企业优秀文化的过程，它使企业在急速的发展和多变的竞争中，保持着高度协调的发展动力和应变能力；通过企业制度，体现着企业的价值观、发展战略、激励政策等，有助于吸引人才。

第7章 完善考核制度，让管理不再流于形式

7.2 把握考核制度建设的原则

企业想要规范管理、高效考核，离不开完善和持续优化的考核制度建设。下面这个故事体现了考核制度建设的强大力量。

18世纪末，英国将澳大利亚变成殖民地后，因其环境恶劣，生产落后，物资缺乏，便决定将其辟为罪犯流放地。一方面解决了英国本土监狱人满为患的问题，另一方面也给澳洲输送了劳动力，帮助其发展经济。

当时，承担运送犯人工作的都是一些私人船主。英国政府根据上船的犯人人数支付船主费用。为了谋取暴利，船主尽可能多载人，使船上条件十分恶劣。在航行途中，为了降低成本，有些船主甚至故意断水断食。而那些运送犯人的船只大多是很破旧的货船改装的，船上设备简陋，很难抵御航行中的大风大浪。因此，病死的、饿死的、掉进海里的罪犯不在少数。

3年以后，英国政府发现：运往澳洲的犯人在船上的死亡率平均超过12%。其中最严重的一艘船上，424个犯人死了158个，死亡率高达

管理就是做考核
只有考核到位，管理才会高效

37%。

政府花费了大笔资金，却没能达到大批移民的目的。为了降低罪犯的死亡率，英国政府绞尽脑汁，采取了一系列措施。在每一艘船上派一名政府官员监督，派一名医生负责医疗卫生，同时对犯人在船上的生活标准做了硬性规定，以及限制装船数量等。

但是，这一系列办法并没有收到成效，不但死亡率没有降下来，反而派去监督的官员和医生竟然也不明不白地死了。

经过调查，政府发现是一些船主为了贪图暴利，贿赂官员，如果官员不同流合污就被扔到大海里喂鱼了。如此一来，政府支出的监督费又打了"水漂"。

实在不得已，政府把船主召集起来进行思想教育，告诉他们要珍惜生命，要理解政府的长远大计，不要把金钱看得比生命还重要。但是情况依然没有好转，死亡率还是居高不下。

这时候，一位英国议员提出：从制度入手，不给那些私人船主钻空子的机会。把以前按照上船人数计算报酬改为以到澳洲上岸的人数为准计算报酬。

这项制度实施后，船主为了保证收入，尽量减少超载，积极改善船上条件，并主动请医生跟船，准备充分的药品，尽可能地让每一个上船的人都健康地到达澳洲，罪犯的死亡率很快就降了下来。

这就是考核制度的力量，一处小小的改变，产生了巨大的结果。

实践中，考核制度建设要把握以下原则（见图7-2）。

第7章 完善考核制度，让管理不再流于形式

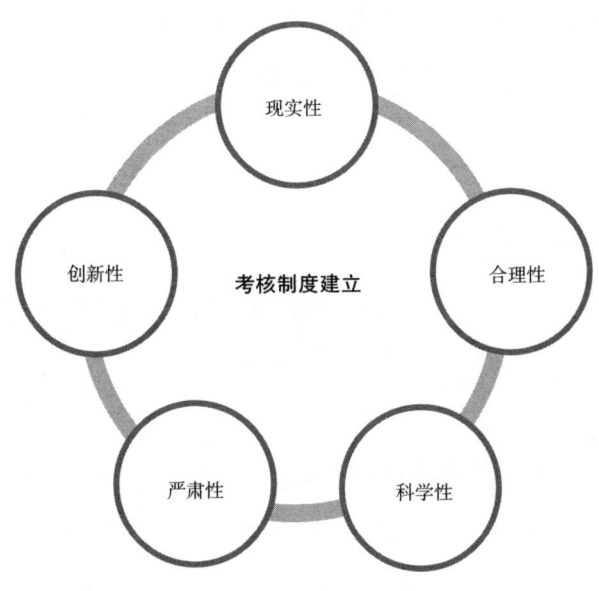

图 7-2 考核制度建设原则

1. 现实性

考核制度是为企业发展战略服务的，因此在制定时要着眼于现实，并考虑如下问题：企业在哪些方面需要制定考核制度？要用考核制度约束、规范什么行为？如果不建立健全考核制度会不会造成大的损失？会不会影响考核结果？或是对工作产生重大不利影响等。因此，制定考核制度时要审时度势，抓住重点，把握关键，符合现实需要，解决实际问题。

2. 合理性

制定一套考核制度的关键在于合理性，因此在制定时不妨多考虑以下问题：考核制度的内容是不是客观公正？是不是遵从以人为本的精

神？是不是符合和维护大多数人的利益？是不是将结果和个人责任及利益联系到了一起？是不是服务于企业战略？是否有助于考核的执行等。

3. 科学性

考核制度建设效果如何在于它的科学性，如对实现工作程序的规范化，考核方法的科学化，考核周期的合理性，以及考核是否有鞭策和激励作用，是否能起到监督作用，是否有助于提升工作效率，是否具有可操作性等。

被誉为传媒大亨的鲁帕特·默多克，也曾遭遇管理上的瓶颈。当时，报纸行业多执行以季度为周期的考核制度，员工很难坚持下来，而且等到季末时，考核人员只能凭借主观因素评定员工的成绩。这就造成了一些误差。时间一长，员工的积极性受挫，工作效率有所下降。

默多克在了解了这一情况后，认为过长的考核周期不利于员工激励，缺乏科学性。于是将考核周期调整为一个月。这样，员工可以在较短时间内获得主管对其工作的认可，并收获精神与物质双重激励；考核者也可以在较短时间内对被考核人在某些方面的工作有一个比较清楚的记录和印象，以避免长时间依赖模糊状态和主观感觉评定员工成绩；考核人员还能及时对员工的工作做出评价和反馈，让问题及时得到解决，避免棘手问题。

就是这样一个调整，极大地提高了员工工作的积极性，使默多克的报业得到了飞速发展。

4. 严肃性

《史记》中记载了商鞅变法的故事：秦孝公任命商鞅实施变法。商鞅

第7章 完善考核制度，让管理不再流于形式

担心百姓不信任法令，于是在国都市场南门立下一根三丈长的木杆，当众告诉百姓："谁能够将木杆搬到北门，就赏他十镒黄金。"百姓对这样超常的奖励感到惊讶，没有人敢去搬木杆。商鞅再次宣布："能够将木杆搬到北门赏五十镒黄金。"后来，有一个人将木杆搬到北门，商鞅立即赏他五十镒黄金，以表明没有欺诈。从此，法的威信牢牢树立起来。

企业考核制度建设也是这个道理，必须以信誉为基础。制度一旦颁布，就要全面、严格执行，不能朝令夕改，反复无常；也不能打擦边球，随意打折扣。只有维护考核制度的严肃性，才能让制度威力无比，真正成为员工行为的准则。

5. 创新性

考核制度是企业不同阶段发展的产物。它的生命力在于适应特定的时代、特定环境的要求。因此，考核制度不是一成不变的，要用发展的眼光和创新精神建设制度。

例如，某企业在北京一直执行朝九晚五的考勤制度。在新疆开办分公司后，如果仍然沿用此制度就不合适了。因为新疆和北京有2个小时的时差，北京的员工9点上班，新疆可能刚刚天亮，很多员工或许还在睡觉；北京的下午6点，正值新疆的下午4点。因此，必须根据新疆的时差特点来调整考勤制度。

再比如，机器大生产时代，一切工作都步入了高度机械化。如果还按照手工生产时代的要求制定考核制度，只能贻笑大方了。

7.3 制度文化，凸显人性化考核

员工是企业发展的基石，通过绩效考核提高员工队伍的稳定性、创造性、素质及凝聚力已成为企业惯用的手段。如何才能让员工不恐惧考核，不把考核当成冷冰冰地榨取血汗的机器，让不少企业为之困扰。

建设制度文化，凸显考核的人性化，让考核合情、合理、合法，让员工如沐春风，有益于成就自我价值，把对待考核的消极态度转化为昂扬奋进的力量，是考核成败的关键。

建设制度文化，不妨从以下几个方面入手（见图7-3）。

1. 公平公正的晋升体系

中港建设集团通过规范公司员工的晋升、晋级工作通道，为员工提供广阔的职业发展空间和实现个人价值的平台。一方面为员工提供专业、系统的培训，帮助员工快速成长，并得到持续合理、可实现的期望收入；另一方面着力建设公正、公平、公开的晋升体系，让有能力的员

第7章 完善考核制度，让管理不再流于形式

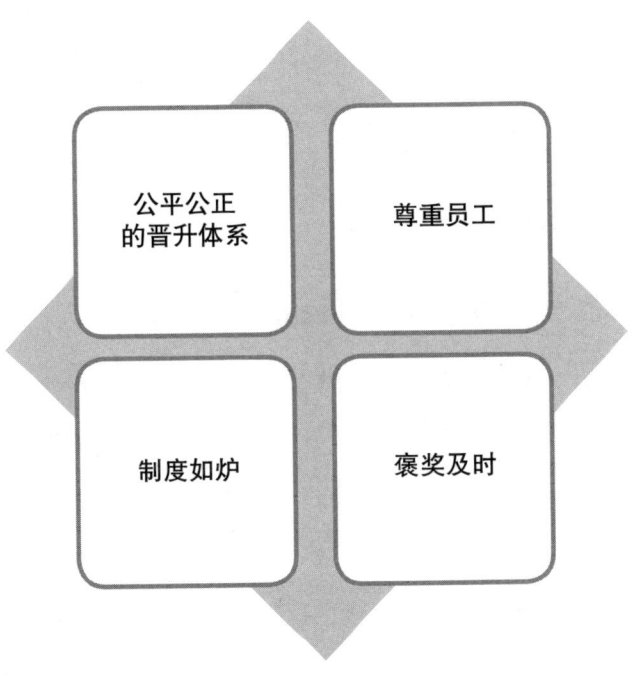

图 7-3 企业制度文化建设

工最大限度地发挥个人价值（见图 7-4，7-5）。

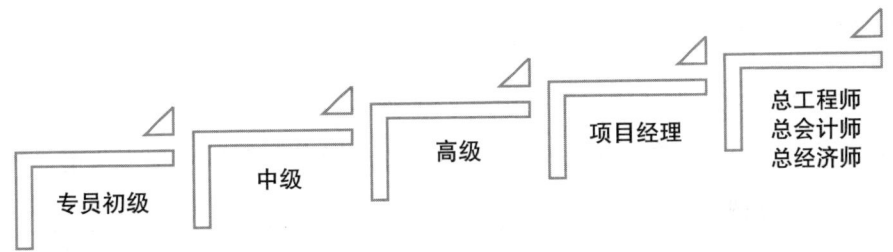

图 7-4 中港建设集团技术类晋升通道

管理就是做考核
只有考核到位，管理才会高效

图 7-5 中港建设集团管理类晋升通道

海底捞作为一家餐饮企业，一向重视对底层员工的激励，在制度上保障员工公平晋升的权利。海底捞的晋升级别分为初级、中级和高级，每个员工都有机会从初级的服务员，成长为中级的领班或大堂，直到上升为高级别的分店店长。

公平公正的晋升机制，有助于员工充分了解自己的职业远景，预知自己的能力范围，将注意力集中于原有的专业领域；或者也可以另辟蹊径，到自己感兴趣的新领域去扩展经验和技能。这样，员工的满意感增强，伴随而来的是工作动力增强，工作绩效提高，企业和员工达到双赢。

2. 尊重员工

现代西方企业管理学家提出了一个颇具新意的观点，认为企业有两个上帝：一个是顾客，另一个是员工。美国罗森布鲁斯旅游公司更是标新立异，独树一帜，大胆提出了"员工第一，顾客第二"的口号，并将其确定为企业的宗旨付诸实践，使公司在短短十余年时间便跻身于世界三大旅游公司行列。

第7章 完善考核制度，让管理不再流于形式

对企业而言，要想实践这个颇具新意的观点，尊重员工是首要的。

在餐饮企业中，海底捞员工的离职率较低，服务质量更是在业界赫赫有名。究其原因，和海底捞一直秉承的尊重员工的管理理念密切相关。

比如在工作服装选择上，海底捞不会为了降低成本而选择廉价的运动服，反而更青睐于质量较好、穿着舒适的名牌运动衣。这一点让大多数从农村来的打工者觉得被尊重。

在住宿上，海底捞并没有像大多数餐饮企业那样让员工住在地下室，而是为员工提供舒适的公寓套房，空调、洗浴、电视、电脑一应俱全，而且还安排了专门的保洁打扫房间，员工的工作服、被罩等也全部外包给干洗店。

对员工的尊重可谓是海底捞管理理念中最为成功的，这让员工从企业和工作中得到精神和物质上的双重回馈，得到了超过其他社会环境所能带来的尊重，员工自然能在工作上更加用心，更加积极地创造绩效。

再比如，在工作方式快速变化和生活节奏加快提速的背景下，某网络公司摒弃朝九晚五的统一工作时间，规定员工在完成规定的工作任务或固定的工作时间长度的前提下，可以灵活地、自主地选择工作的具体时间。

员工个人权益得到了尊重，社交等高层次需要得到了满足，就会产生责任感，就会努力提高工作满意度和士气，提高个人绩效。

3. 制度如炉

制度就像火炉，如果火炉烧得通红，会烫伤人，大家必然心存畏惧，

管理就是做考核
只有考核到位，管理才会高效

不敢触碰；若有触碰者，必然会被烫伤。这一法则体现了制度约束的警示性。

制度的要点，在于务实管用；制度的威力，在于落实与执行。制定100条制度而不去落实，不如将一条好的制度执行到位。而不按制度办事，比没有好的制度更加有害。人性化制度，也需要强调刚性约束，强调"组织中任何人触犯规章制度都要受到处罚"。

马谡是诸葛亮很喜欢的一员爱将。诸葛亮在与司马懿对战街亭时，马谡自告奋勇要出兵守街亭。诸葛亮虽然很赏识他，但他知道马谡做事轻率，因而不敢轻易答应他的请求。马谡表示愿意立军令状，若守街亭失败就处死他。诸葛亮只好同意给他这个机会，并指派王平将军随行，还交代马谡在安置完营寨后须立刻回报，有事要与王平商量，马谡一一答应。

军队到了街亭，马谡忘了诸葛亮的嘱咐，执意要把军营扎在山上，完全不听王平的建议，而且没有遵守约定：在安置完营寨后立刻回报。当司马懿派兵进攻街亭时，在山下就切断了马谡军队的粮食及水的供应，使得马谡兵败如山倒，蜀国的重要据点街亭因而失守。面对爱将的重大错误，诸葛亮没有姑息，而是马上挥泪将其处斩了。

对于违反制度的员工，管理者如果不及时训导、纠正，那么下属将会接二连三地出现错误；另外，暂时的姑息纵容很容易让制度名存实亡，使下属否认制度的严肃性，消极对待考核，使组织系统被侵害、被毒化。

作为管理者，在制定制度后要做宣传，让员工明确制度的意义和必要性，在思想上有所准备；告诉员工怎样做是值得提倡的，是该奖励的；哪些做法和行为是错误的，是会被处罚的。具体操作中，要维护制度的威严性，坚持制度面前人人平等，坚决纠正违规行为。

4. 褒奖及时

有一次，德国著名福克斯波罗公司的总经理遇到了一个非常棘手的问题，他苦思冥想了很久，也没找到解决问题的办法。当他在办公室里继续思考时，有一名员工敲门进来，把自己的一些建议和想法告诉了总经理。总经理受到了启发，很快想出办法把问题解决了。

总经理当时非常兴奋，他觉得有必要奖励这名员工，同时表达自己的感激之情。但是奖励什么呢？突然，他看到办公桌上有一根香蕉，于是拿起香蕉充满感激地对这名员工说："太感谢你了，你是好样的，你的建议帮公司解决了难题，这是给你的奖励。"

员工接过香蕉，激动地说："谢谢总经理。请您放心，我会在工作中继续努力的。"

后来，总经理从这次奖励香蕉事件中获得启发，在公司设立了金香蕉奖章，这是福克斯波罗公司的最高奖项。这个香蕉奖章是按照香蕉的样子用纯金打造的，专门用来奖励那些对公司做出重大贡献的员工。

俗话说："哀莫大于心死。"很多公司在激励员工、奖励员工时，拖泥带水，一点儿都不爽快，只是给员工许诺一个较长的期限，比如在公司的年底总结会上，再来肯定员工的成绩，在一个月后才给员工奖励，让员工在等待中耗尽了对公司的信任。这样做会带来什么后果呢？直接

> **管理就是做考核**
> 只有考核到位，管理才会高效

导致企业公信力下降，员工会觉得公司没有足够的诚意。

在上面的案例中，福克斯波罗公司的总经理用实际行动告诉我们：奖励要讲究实效，要及时，哪怕奖给员工的是一根香蕉，也能产生良好的激励效果。因此，能今天就实施的奖励，就不要拖到明天，更不要拖到下个月或年底。因为拖得越久，对员工的激励效果打折扣就越多。

7.4 没有流程，考核一切归零

有效的考核离不开清晰的流程，设计科学、适宜的考核流程，能够将管理者从繁琐的事务当中解放出来，也有助于员工在具体执行过程中更加明确、清楚地知道自己的工作职责，工作目标，知道什么时候该做什么事情，应该先干什么、后干什么等，以此提高工作效率，增强企业竞争力。

想必大家都知道"一个和尚挑水喝，两个和尚抬水喝，三个和尚没水喝"的寓言故事。

山上的寺庙里住着一个小和尚，他每天享受山间美景，喝着山涧清泉，听着虫儿名叫，生活无忧无虑，好不自在。

后来，一个瘦和尚经过此地，看到如此悠然僻静之处，便留了下来。这样寺庙就有了两个和尚。从此，两个人要么轮流下山挑水，要么一起下山抬水。日子倒也过得不错。

再后来，又来了一个化缘的胖和尚。见到此处是修炼养老的好处所，他也留了下来。从此，寺庙里有了三个和尚。自此，谁挑水就成了他们

> **管理就是做考核**
> 只有考核到位，管理才会高效

争论的问题。他们都觉得应该由别人挑水。于是，大家都憋着气：我就不挑水！因此，没水喝也成了常态。

到底是什么原因让三个和尚没水喝呢？没有制定适宜的挑水流程是主要问题。

一个和尚时，因为没有其他可承担责任的人，只能自己挑水；两个和尚时，可以把责任平分，于是选择抬水；三个和尚时，因为总会空出来一个人，人的惰性和依赖性使得每个人忙于找借口、推卸责任，指望别人承担义务，而自己享受成果，导致人人都怀有坐、等、靠、要的心理。

如果从一开始就能制定出工作流程和考核要求，比如三个和尚轮流挑水，一人挑一天。星期一是小和尚挑水，星期二是瘦和尚挑水，星期三是胖和尚挑水，依次循环下去，如果当值那天该和尚生病，那么就由后面一个和尚来挑水，等该和尚病好后必须还上这一天的挑水时间，以防止偷奸耍滑的现象发生。并且要求每次挑来的水必须是满的，挑水时间量化，就不会出现没水喝的局面。

具体来说，明晰考核流程的意义体现在以下几个方面（见图7-6）。

1. 提高企业资源利用率

科学的流程能够理顺企业内部各组织部门之间的关系，使员工清楚彼此之间的职责，减少错位、越位、缺位现象；同时，使价值一致资源得到集中利用，有效提高企业资源利用率，把个人的优秀变成多人的优秀，把多人的优秀提升至企业的优秀，时刻给企业的流程管理提供新鲜的血液，让其处在成长状态。

第7章 完善考核制度，让管理不再流于形式

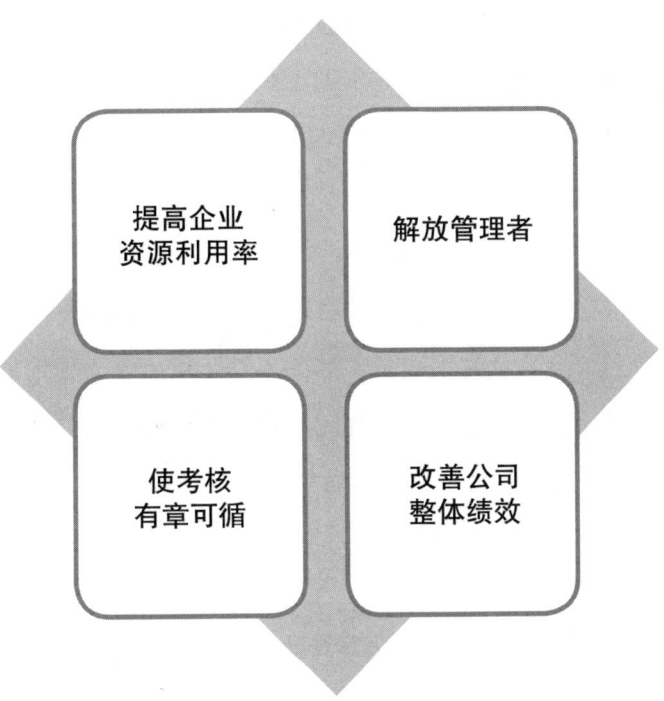

图 7-6 明晰考核流程的意义

2. 明确权责，解放管理者

权责是指权力和责任，通过流程，企业可以把常规的、重复的、固定的职能固化，使员工明确自己的职责和工作重点，知道自己所处的位置、向谁汇报、相互之间的工作关系、沟通渠道及职权关系等，有助于缩短执行时间，进而更好地落实考核目标，同时，降低管理成本，解放管理者。

例如，签字是企业管理者必不可少的一项工作。财务文件、采购文

管理就是做考核
只有考核到位，管理才会高效

件、销售表单、薪酬发放请款单，总裁不可能一一审核，但因为每个文件在传到总裁手中前，已经经过了若干审核环节，其中每个角色都要为自己所签的字承担责任，所以到了总裁手里，签字只是"签字"，管理变得简单而有效率。

很多企业，在员工较少的时候，管理比较顺利。当员工和部门增多以后，管理就变得非常困难。管理者常常因为内部执行不给力而头疼不已。这时候，一份简单的流程图（见图7-7），就可以清晰地展示出业务逻辑和管理路径，通过企业的流程图，管理人员可以很方便地协调各种活动，这样在考察和监督工作时自然得心应手。

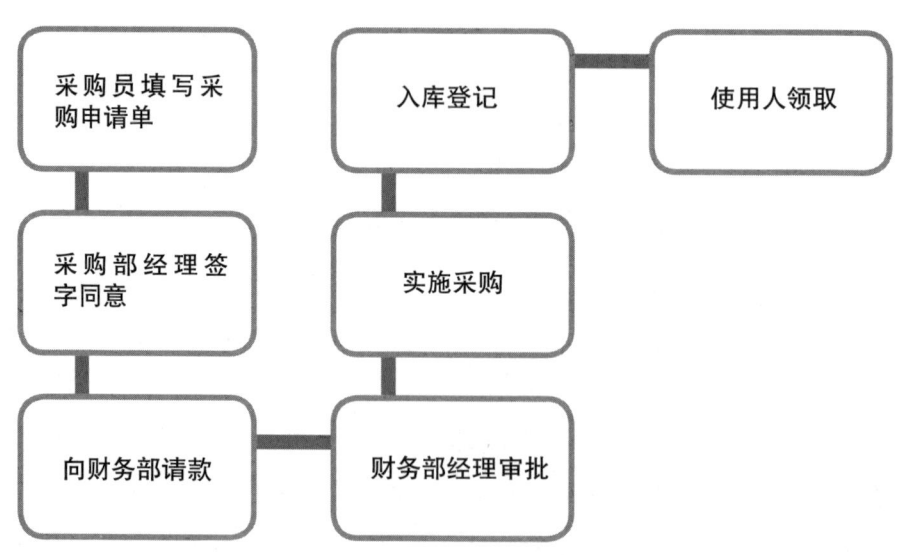

图7-7 某公司采购业务流程

第7章 完善考核制度，让管理不再流于形式

3. 使考核有章可循

考核目标制定后，员工却不知道如何落实。这时候，一份简单的流程图，会帮助员工明白如何实施，要和那些部门协调合作，要经过几个环节，要达到什么目标。

例如，某公司在仓库管理方面，有严格的流程（见图7-8）。仓库管理员在工作时，很清楚哪些问题应该立即解决，哪些问题可以延缓一些；哪些事情该自己做，哪些事情又不该自己做，以便合理安排时间，在有效的时间内高质量地完成工作。

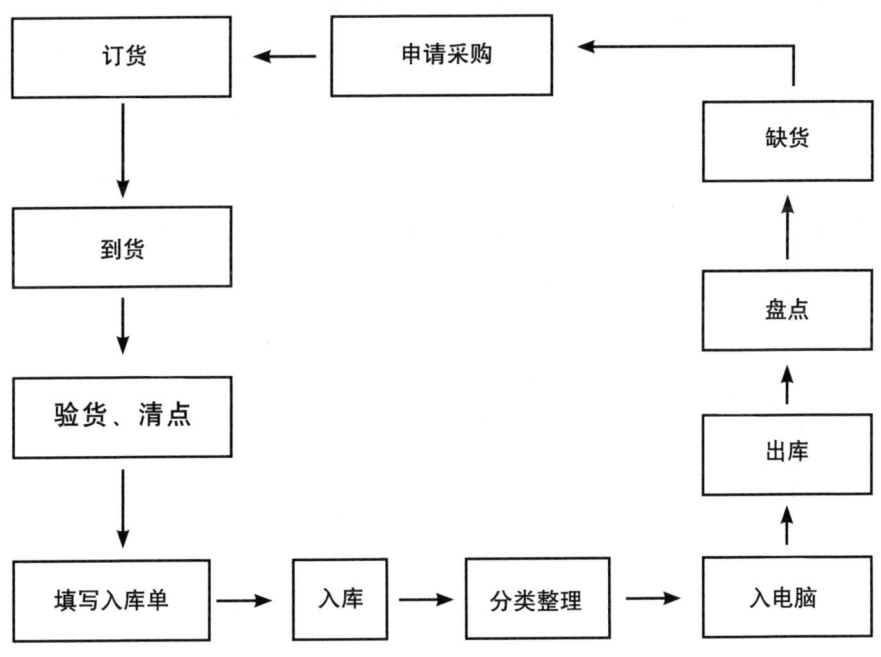

图7-8 某公司的仓库管理流程

在考核过程中，管理者则可以依据此流程，清晰定义各个节点员工的工作内容，对员工工作的完成情况进行考核。如是否按需订货，验货是否符合标准，是否按时入库，盘点是否有误等。

4. 改善公司整体绩效

企业再造大师哈默说："为顾客创造价值的是流程，而不是哪个部门"。从流程视角去剖析企业，比如从业务流程去看某一个业务的执行情况，我们可以知道这个过程是如何为顾客创造与传递价值的，各构成部分之间是如何联系，如何运作，如何与其他业务衔接的，以及存在的不足。通过改善流程中的不足，进而提升企业整体绩效。

比如通过销售管理流程，可以发现产品在传递到消费者手中具体要经过那些环节，各个环节的衔接是否顺畅，如与研发部门、采购部门、配送部门能否无缝衔接，是否有进一步优化的可能，进而从价值最大化的角度优化流程，为顾客创造更大价值，提升公司整体绩效。

第7章 完善考核制度，让管理不再流于形式

7.5 设计工作流程，让考核有章可循

明晰的工作流程，可以让各个岗位上的员工明确自己的岗位职责、工作内容，可以规范员工正确高效地工作，帮助企业实现科学运转，从而实现最佳经营效果。同时，科学合理的工作流程，也能为绩效考核提供强有力的依据，即让考核人员知道：这个流程内的工作应该由谁负责，谁没做好或做好了，都要在绩效考核中体现出来。这样，就让考核有了依据，有章可循。

在设计工作流程时，要注意什么呢？下面几个原则是需要注意的。

1. 立足现实

管理者在制定考核流程时，要立足现实，实事求是，一切从实际出发。

麦德龙集团是德国跨国零售企业，主要业态为仓储商店。为了能把商品高效地传递到客户手中，麦德龙对配送流程进行了优化（见图 7-9）。

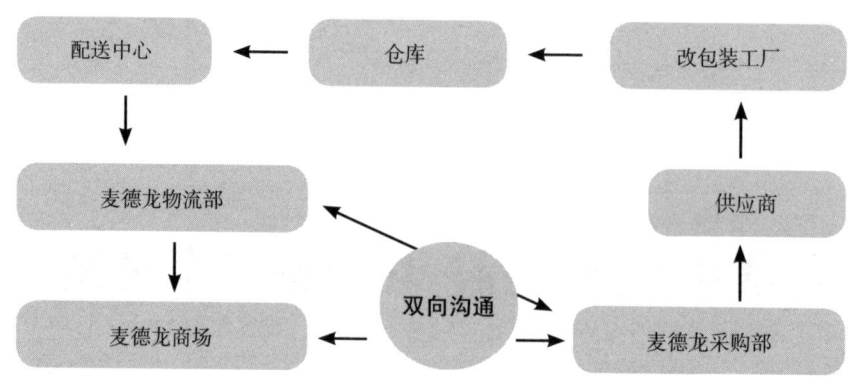

图 7-9 麦德龙配送流程

首先,麦德龙商场在发现商品缺货后,第一时间与采购部进行沟通。

然后,麦德龙采购部根据商场销售状况向供应商发出订单(或退货通知单),从而保证商品的持续供应和低成本经营。

接着,供货商马上联系改包装工厂,由其将产品包装改为麦德龙最小销售单位后,再从仓库发出货品,经配送中心,达到麦德龙的物流部。

最后,货品经物流部进入麦德龙商场,再由物流部或商场向采购部做出反馈。这就是一个完整的配送流程。

2. 流程目标明确

流程要做到以下三点要求才算合格:所有流程一目了然,工作人员能掌握全局;更换人手时,按图索骥,容易上手;所有流程发现疏忽之处,均可适时予以调整、更正。

而这些要求都离不开一个问题:这个流程的目标是什么?

某报社接连进行了几次流程调整,但工作效率依旧不高。在此情况下，主编对当前工作存在的问题进行分析，确定了"报纸的如期出版为第一要务"的目标，并在这个目标的指引下，删减了不必要的环节，优化了工作流程中的关键环节，使每个部门、每个人都按照流程有条不紊地展开工作。

这个事例说明制定流程至少要做到两点：一是内容要明确、清晰，让执行者明确该做什么，如何去做，在什么时间完成什么任务；二是要做到有的放矢，一些多余的流程，多余的环节，能省略就省略，该放弃的就要放弃。

3. 环环相扣

工作流程就像一棵大树，不但要有主干，还要有枝叶。而且主干和枝叶之间、枝叶与枝叶之间是相依相存的。

这就要求管理者在制定工作流程时，必须站在企业发展战略的高度上，精准定位、精细梳理企业的组织架构，使流程有枝有叶，各环节环环相扣，避免出现"真空地带"。

具体来说，流程制定要遵循一定的空间、时间顺序，或遵循事物发展规律，如由上至下，由整体到部分，由宏观到微观，由抽象到具体，或者先总后分，先大后小，只有这样，才符合人们的思维习惯，才能理清企业部门之间的层次关系。

4. 简单高效

科学合理的工作流程必定是简单高效的，让执行者一目了然，按流程做事；让管理者从繁杂的事务当中解放出来，实现监督职能。

简单高效的考核流程，一定要避开下面几个雷区（见表7-1）。

表 7-1 流程制定要避开的雷区

雷区	说明
流程之间环节过多	一个流程中设计了众多的步骤、子流程，各个步骤间存在复杂的依赖关系，导致整个流程过长，运转起来极为困难
流程之间环节跳跃过大	在两个环节间缺失某个必要步骤，导致流程运行不畅，执行达不到效果，如培训流程缺乏评估环节，销售流程缺乏售后环节等
流程环节顺序不合理	例如，在某企业的财务汇报流程中，各分公司财务主管先向总部管理层上报后，再向分公司管理层汇报
缺失关键控制点	重要事项的控制环节缺失，如采购流程缺乏超标审核，产品生产缺乏质检部门检验等
流程节点间的等待时间过长	流程中某两个节点间的等待时间过长，从而影响了流程的整体效率

有了好的工作流程之后，员工的权责得到了规范，员工的执行力也会迸发出来。这样，企业在考核中，才有可能看到令人满意的考核成绩。企业在发展中，才有可能取得预期的发展效果。如此，管理出效益，考核出成绩的目标及美好愿望才有希望变成现实。